DR. ROBERT RICHTER | EBERHARD SCHÄFER

DAS PAPA-HANDBUCH

Alles, was Sie wissen müssen zu **Schwangerschaft, Geburt** und dem **ersten Jahr zu dritt**

QUALITÄTS G|U GARANTIE

DIE GU-QUALITÄTSGARANTIE

Wir möchten Ihnen mit den Informationen und Anregungen in diesem Buch das Leben erleichtern und Sie inspirieren, Neues auszuprobieren. Bei jedem unserer Produkte achten wir auf Aktualität und stellen höchste Ansprüche an Inhalt, Optik und Ausstattung. Alle Informationen werden von unseren Autoren und unserer Fachredaktion sorgfältig ausgewählt und mehrfach geprüft. Deshalb bieten wir Ihnen eine 100%ige Qualitätsgarantie.

Darauf können Sie sich verlassen:
Wir bieten Ihnen alle wichtigen Informationen sowie praktischen Rat – damit können Sie dafür sorgen, dass Ihre Kinder glücklich und gesund aufwachsen. Wir garantieren, dass:
- alle Übungen und Anleitungen mehrfach in der Praxis geprüft und
- unsere Autoren echte Experten mit langjähriger Erfahrung sind.

Wir möchten für Sie immer besser werden:
Sollten wir mit diesem Buch Ihre Erwartungen nicht erfüllen, lassen Sie es uns bitte wissen! Nehmen Sie einfach Kontakt zu unserem Leserservice auf. Sie erhalten von uns kostenlos einen Ratgeber zum gleichen oder ähnlichen Thema. Die Kontaktdaten unseres Leserservice finden Sie am Ende dieses Buches.

GRÄFE UND UNZER VERLAG
Der erste Ratgeberverlag – seit 1722.

Inhalt

Die erste Zeit zu dritt – ein schöner Kraftakt!

Spiel und Spaß für Papa und Baby

Eltern werden, Paar bleiben

Väter zwischen Familie, Beruf und Freizeit

Zum Nachschlagen

Ein neues Leben mit neuen Herausforderungen

Sie werden Vater, wie wunderbar! Sicher sind Sie voller Vorfreude, gehen nun aber auch mit zahlreichen Fragen und Gedanken schwanger. Viele werdende Väter wollen ihr Kind und ihre schwangere Partnerin von Anfang an ganz bewusst begleiten. Das erleben wir als Väter, als Familienforscher und als Praktiker in der Beratungs- und Bildungsarbeit mit Vätern und Kindern immer wieder.

Wie Sie Ihren eigenen Weg als aktiver Vater finden, erfahren Sie in diesem Buch, in dem wir Ihnen viele Fragen rund um Schwangerschaft, Geburt und die erste Zeit mit Ihrem Kind beantworten.

Wir wünschen Ihnen von Herzen alles Gute und viel Freude auf Ihrem Weg als Vater.

ROBERT RICHTER EBERHARD SCHÄFER

BEWUSST Vater werden, AKTIV VATER SEIN

Immer mehr Männer wollen ihrem Kind ein liebevoller Begleiter und präsenter Ansprechpartner sein. Sie wollen von Anfang an eine intensive Beziehung zu ihm aufbauen und diese aktiv gestalten. Das ist nicht immer leicht, vor allem wenn man sich zwischen den Herausforderungen in der Familie einerseits und denen im Beruf andererseits hin- und hergerissen fühlt. Trotzdem: Das Leben mit einem Baby macht (fast immer) richtig Spaß.

ENGAGIERTER VATER – GLÜCKLICHES KIND

Dabei sein von Anfang an – das ist für Väter heute eine Selbstverständlichkeit. Über neunzig Prozent aller Väter sind bei der Geburt ihrer Kinder dabei. Werdende Väter informieren sich eingehend über alle Fragen rund um die Geburt und die erste Zeit mit ihrem Kind – und das ist auch gut so!

Es lebe der **Wandel!**

Der grundlegende Wandel in den Rollen von Vätern hat sich zum Großteil innerhalb der letzten 40 Jahre vollzogen: Früher warteten die Väter vor dem Kreißsaal nervös darauf, ihr Kind »begrüßen« zu können. Das eigene Baby zum ersten Mal im Arm zu halten war eine Zitterpartie und Bewährungsprobe. Und spätestens am Tag nach der Geburt ging es meist gleich wieder zurück zur Arbeit.

Heute ist das zum Glück ganz anders! Väter interessieren, informieren, kümmern und engagieren sich. Sie wollen einen frühen, intensiven Kontakt zu ihrem Kind. Viele werdende und frischgebackene Väter denken über eine Elternzeit nach. Auch hier schreibt die Generation der neuen Väter eine Erfolgsstory: 27 Prozent aller Väter in Deutschland nahmen im Jahr 2012 Elternzeit. Von 3 auf 27 Prozent in sieben Jahren – ein rasanter Anstieg, der viele überrascht hat!

Der Trend zur aktiven oder »fürsorglichen« Vaterschaft ist rundherum positiv zu bewerten. Er kommt dem Wunsch vieler Väter und Mütter nach einer ausgewogenen Verteilung von Familien- und Berufsarbeit entgegen. Noch wichtiger: Das Baby – Ihr Baby – gewinnt durch Ihre Aufmerksamkeit und Ihr Engagement. Ihre intensive Zuwendung als Vater ist ungemein wichtig für die Entwicklung Ihres Kindes!

Was brauchen Männer, um aktiv Vater sein zu können? Sie brauchen das Selbstvertrauen und die Chance, einen eigenen Weg im Umgang mit Kindern gehen zu können. Denn Väter bringen eigene Qualitäten, Fähigkeiten und Herangehensweisen in die Erziehung ein. Väter fördern ihre Kinder anders als Mütter. Nicht besser, nicht schlechter – einfach anders! Kinder gewinnen durch diese Unterschiedlichkeit.

VÄTERFORSCHUNG: FAKTEN, FAKTEN ...

Väter wurden lange Zeit in Familienforschung und Entwicklungspsychologie kaum beachtet. Der Vater war der Ernährer der Familie, und das war's. Die Vater-Kind-Beziehung schien weder der Rede noch der Forschung wert zu sein. Wie wichtig Väter über die materielle Versorgung hinaus für die gesamte Familie sind, damit befasst sich die Forschung seit etwa 30 Jahren, und die Ergebnisse sind bemerkenswert (siehe Seite 173).

»Ich glaube, Kinder zu haben ist
das aufregendste Abenteuer,
das wir erleben können.
Es ist der schwerste Beruf
und die größte Herausforderung,
die ich mir denken kann, und
die glücklichste Erfahrung zugleich!«

REINHARD MEY | Deutscher Liedermacher

- Wenn beide Eltern sich um das Kind kümmern, kann und muss es sich von Anfang an mit zwei verschiedenen Menschen auseinandersetzen – mit zwei verschiedenen Arten, versorgt und gefördert zu werden sowie Grenzen gesetzt zu bekommen. In der Forschung setzt sich mehr und mehr die Einschätzung durch, dass der Einfluss des Vaters auf das Kind größer ist, wenn sich sein Verhalten in Erziehung und Versorgung deutlich von dem der Mutter unterscheidet. Versuchen Sie deshalb erst gar nicht, die »bessere Mutter« zu sein. Entwickeln Sie Ihren eigenen Stil. Trauen Sie sich! So wurde zum Beispiel in Untersuchungen nachgewiesen, dass Väter sich ebenso gut um ihr Baby kümmern können wie Mütter. Sie sind von ihrem neugeborenen Baby emotional ebenso bewegt wie Mütter: Herzfrequenz, Blutdruck und Hautreaktionen, etwa die Schweißproduktion, verändern sich bei Vätern beim Anblick ihres weinenden oder lächelnden Babys genauso wie bei Müttern (siehe Seite 173).
- Wenn Väter ihr Baby füttern, sind sie sehr aufmerksam. Sie reagieren »richtig« auf sein Bedürfnis, eine kurze Pause beim Trinken zu machen, und erfassen ebenso gut, wann das Baby genug getrunken hat. Auch wenn Babys spucken müssen, reagieren Väter fast immer rechtzeitig.
- Wenn ihr Baby weint und sich unwohl fühlt, nehmen Väter es intuitiv auf den Arm, tragen es und sprechen mit ihm. Väter tun das übrigens häufiger, wenn die Partnerinnen nicht da(bei) sind.
- Väter, denen Forscher im Rahmen von Studien die Augen verbunden hatten, erkannten ihr eigenes Baby unter vielen anderen innerhalb einer Minute, indem sie seine Hände ertasteten und erspürten. (Dass andererseits doppelt so viele Mütter wie Väter ihr Baby erkannten, indem sie sein Gesicht berührten, lag daran, dass die Mütter doppelt so viel Zeit mit ihrem Baby verbracht hatten.)

Kurz zusammengefasst: Kinder brauchen Väter, um sich optimal entwickeln zu können. Sie brauchen Väter, die eine enge emotionale Bindung zu ihnen aufbauen, und das möglichst früh. Das heißt: Je mehr Sie sich mit Ihrem Kind beschäftigen, je mehr Zeit Sie mit ihm verbringen, desto besser kennen Sie es, und desto intensiver wird Ihre Beziehung sein!

IDEALE VORAUSSETZUNGEN, SICH ZU KÜMMERN

Natürlich helfen Ihnen gute Rahmenbedingungen dabei, eine intensive Beziehung zu Ihrem Kind aufzubauen:

- Väter, die sich gut auf die Geburt ihrer Kinder vorbereitet haben, kümmern sich mehr um sie als diejenigen, die »nebenher« Vater geworden sind. Die Geburt des eigenen Kindes mitzuerleben und mit vorzubereiten ist ein prägendes Erlebnis. Es schafft eine sehr innige, starke Verbindung sowohl zwischen Vater und Kind als auch zwischen Vater und Mutter.
- Väter und Mütter brauchen gegenseitige Unterstützung, um sich mehr um ihr Kind kümmern und mehr Zeit mit ihm verbringen zu können. Wenn sich beide Eltern viel gemeinsam um das Kind kümmern, beschäftigt sich der Vater auch öfter allein mit ihm.
- Sind beide Elternteile berufstätig, fördert das die Vater-Kind-Beziehung: Väter in diesen Familien haben eine engere Beziehung zu ihren Kindern als Väter, die allein für den Lebensunterhalt der Familie sorgen und deren Partnerin sich überwiegend um die Kinder kümmert.
- Last but not least: Es ist erwiesen, dass Väter, die in ihrer Paarbeziehung glücklich sind, eine bessere Beziehung zu ihren Kindern haben als Väter, die in unglücklichen Paarbeziehungen leben. Was Sie für eine glückliche Paarbeziehung und Ihre Balance zwischen Familie und Beruf tun können, lesen Sie in Kapitel 7 (ab Seite 161).

»Balance der Partnerschaft: vom anderen nicht mehr verlangen als von sich selbst.«

HENRIETTE WILHELMINE HANKE | Deutsche Schriftstellerin (1785–1862)

WARUM IHR KIND SIE BRAUCHT

Ihre emotionale Beteiligung, Ihre Zuwendung, Ihre ganz persönliche Art des Umgangs mit Ihrem Kind prägt sein Leben nachhaltig. Ihr väterliches Engagement wirkt sich auch eine Generation später positiv aus, wenn Ihr Kind eigene Kinder hat. Sogar für weitere Generationen ist Ihr Einsatz bereichernd, wenn intensive Vater-Kind-Beziehungen zu einer »guten Tradition« in der Familiengeschichte werden. Doch zunächst einmal bieten Sie Ihrem eigenen Kind einen guten Start, von dem es lebenslang profitiert, wie auch Studien belegen (siehe Seite 173).

1 Väter spielen – tendenziell – wilder und mit mehr Körpereinsatz mit ihren Kindern. Sie überraschen Kinder mit unvorhergesehenen (Spiel-)Situationen und konfrontieren sie mit Neuem. So lernen Kinder, in ungewohnten Situationen schnell zurechtzukommen.

2 Kinder von engagierten Vätern sind im Alter von neun Monaten anderen Kindern in der Entwicklung deutlich voraus.

3 Fünfjährige Kinder mit einer sehr vertrauensvollen Beziehung zu ihrem Vater sind selbstständiger, kompetenter und weniger ängstlich als Kinder, denen diese Beziehung zum Vater fehlt.

4 Kinder von Vätern, die sich um deren schulische Belange kümmern, haben bessere Noten und eine positivere Einstellung zur Schule.

5 Söhne, die mit ihren Vätern viel körperlich spielen und deren Väter einen partnerschaftlichen Erziehungsstil pflegen, werden später sehr beliebte Jungen, das heißt, sie finden leichter Freunde und sind sozial anerkannter als Söhne von autoritären Vätern – diese sind weniger beliebt.

6 Töchter von aktiven Vätern werden später selbstbewusster, eigenständiger und entwickeln mehr Freude an Sport und Bewegung.

7 Kinder, deren Vater von Anfang an als Bezugsperson aktiv ist, hängen später weniger am »Rockzipfel« der Mutter und sind selbstständiger. Psychologen haben herausgefunden: Wenn der Vater für das Baby präsent ist, baut es eine eigenständige Beziehung zu ihm auf, wenn nicht, schaltet es immer zuerst die Mutter als Kontrolleurin ein. Es »fragt« sie dann per Blickkontakt nach ihrem Einverständnis, ob es

zum Beispiel okay ist, dass Papa es jetzt auf den Arm nimmt oder mit ihm in Babysprache spricht.

8 Kinder mit enger und vertrauensvoller Beziehung zum Vater tendieren als Jugendliche weniger zu Drogenkonsum.

9 Kinder, die eine intensive Vater-Kind-Beziehung erleben, sind in ihren späteren Paarbeziehungen deutlich zufriedener als Kinder, die eine solche Beziehung nicht hatten.

Kurz: Kinder, die mit einem aktiven Vater aufwachsen, sind im Verlauf ihres Lebens glücklicher und erfolgreicher als diejenigen, die ihren Vater überwiegend als Ernährer und Wochenendpapa kennenlernen.

Info

Aktive Väter leben **gesünder**

Anfang 2013 veranstalteten die Bundeszentrale für gesundheitliche Aufklärung und das Bundesministerium für Gesundheit in Berlin einen Männergesundheitskongress. Dort wurde unter anderem deutlich, dass aktive Väter es leichter haben, gesund zu leben: Sie toben mit ihren Kindern herum, sind viel an der frischen Luft, gehen mit dem Nachwuchs schwimmen, Rad fahren und vieles mehr. Da Kinder genau spüren, wenn sie Entspannung brauchen, entdecken auch die Väter wieder die Lust daran, einfach mal einen Gang zurückzuschalten, im Gras zu liegen und gar nichts zu tun. So finden sie selbst ihre Balance aus Aktivität und Entspannung wieder. Sie wollen ihren Kindern ein gutes Vorbild sein – auch in Sachen gesunder Ernährung oder Verzicht aufs Rauchen. Väter, die sich viel mit ihren kleinen Kindern beschäftigen, haben seltener den Anspruch an sich selbst, das Bild des »harten Mannes« zu erfüllen und sich entsprechend riskant zu verhalten.
Als aktiver Vater haben Sie also nicht nur viel mehr Spaß, auch Ihre Gesundheit profitiert vom Zusammensein mit Ihrem Kind!

Neun Monate,

DIE ES IN SICH HABEN

Vater zu werden ist eine der schönsten Herausforderungen im Leben eines Mannes! Während der Schwangerschaft ihrer Partnerin sind viele Männer gedanklich auch schwanger, und ihre Gefühle fahren Achterbahn. Fahren Sie mit! Wir begleiten Sie und zeigen Ihnen, wie Sie sich optimal und mit Freude auf die Ankunft Ihres Kindes vorbereiten können.

HIMMELHOCH JAUCHZEND – ZU TODE BETRÜBT

Kaum haben Sie verstanden, dass Sie Vater werden, verändert sich auch schon alles … Nicht nur der Bauch Ihrer Partnerin wächst. Alles gerät in Bewegung – ja, nicht weniger als das ganze Leben. Sie beide beginnen auch mit dem »Nestbau«, räumen die Wohnung oder das Haus um und richten vielleicht schon ein Kinderzimmer ein. Neben diesen äußeren Veränderungen sind die 40 Wochen bis zur Geburt Ihres Kindes auch eine Zeit der emotionalen Achterbahnfahrten – zwischen freudiger Erwartung und sorgenvollen »Bauch-Schmerzen«.

Wann Sie **merken**, dass Sie **Vater** werden

Wenn Sie dieses Buch lesen, wissen Sie wahrscheinlich bereits seit einiger Zeit, dass Sie Vater werden. Aber faktisches Wissen und wirkliches Begreifen, das sind zwei Paar Schuhe. So berichten Männer oft von ganz unterschiedlichen Zeitpunkten, an denen sie wirklich gespürt haben, dass sie Vater werden.

Einige haben bereits beim Sex das intensive Gefühl, jetzt gerade ein Kind zu zeugen. Andere sind beim Blick auf den positiven Schwangerschaftstest zutiefst berührt. Wieder andere Männer sind bei den ersten Ultraschallbildern hin und weg – »Das ist mein Kind? Genial!«.

Sehr viele werdende Väter erleben die Bewegungen ihres Kindes im Bauch der Mutter als den entscheidenden »Kick« zu ihrem Vater-Bewusstsein. Spätestens bei der Geburt ihres Kindes platzt auch bei den letzten der Knoten endgültig: Beim Anblick des Neugeborenen bleibt kaum ein Vaterauge trocken.

Ob Sie nun bereits den großen Aha-Effekt hatten, ob Sie in Bezug auf Ihr zukünftiges Baby emotional schon tief bewegt waren oder nicht:

Nehmen Sie sich Zeit, unmittelbar mit Gefühl und Verstand ganz nah bei Ihrem Baby zu sein. Wir möchten Sie dabei begleiten, die Schwangerschaft und das Wachsen Ihres Kindes aktiv mitzuerleben, sich auf seine Geburt und Ihr Vatersein vorzubereiten.

Männer auf **Wolke sieben**

Für die meisten Männer ist es ein fantastisches Gefühl, bald ein Kind zu bekommen. Vater zu werden empfinden viele als große Bereicherung. Ein Kind bringt mehr Bedeutung und Verbindlichkeit für die Paarbeziehung und das ganze Leben. Es gibt dem Leben einen anderen, tieferen Sinn. Es macht Sie unendlich wichtig. Und es ermöglicht Ihnen, etwas von sich weiterzugeben.

Viele werdende Väter freuen sich darauf, mit ihrem Kind zu spielen, auf allen vieren durch die Wohnung zu krabbeln, zu schmusen, zu toben und zu kuscheln – eben selbst wieder ein Stück weit Kind sein zu können.

Aber auch für diejenigen, denen kein bestimmter Grund einfällt, sich für Kinder zu entscheiden, gehören sie doch irgendwie zum Leben dazu. Es scheint also natürlich zu sein, Kinder in die Welt zu setzen.

Egal aus welchem Grund: Die meisten Männer sind glücklich und zufrieden, Vater zu werden. Doch klar ist auch: Nicht immer ist alles eitel Sonnenschein. Wenn sich immer wieder einmal Bedenken einschleichen oder bange Fragen stellen, dann ist das ganz normal. Kommen wir doch am besten gleich darauf zu sprechen …

»Kinder sind die wirklichen Lehrmeister des Lebens.«

PETER ROSEGGER | Österreichischer Heimatschriftsteller (1843–1918)

»BAUCH-SCHMERZEN« WERDENDER VÄTER

Bei aller gespannten Vorfreude tragen sich viele werdende Väter auch mit weniger erfreulichen Gedanken, die sie mit dem Übergang vom Mannsein zum Vatersein verbinden. Angesichts der großen und lebenslangen Aufgabe, die wir mit der Entscheidung für ein Kind oder für mehrere Kinder eingehen, wäre es auch eher verwunderlich, wenn sich nicht auch Fragen und Sorgen einschleichen würden.

Vaterschaft, das heißt Nägel mit Köpfen machen. Vaterschaft, das ist eine Bindung, die – anders als zum Beispiel ein Arbeitsverhältnis – unkündbar ist. Einmal Vater, immer Vater. Väter tragen große Verantwortung, die sie mit einer Reihe von Fragen konfrontieren kann.

Fragen über Fragen

- Ist jetzt der richtige Zeitpunkt für mich, Vater zu werden?
- Bin ich nicht noch zu jung für Kinder?
- Bin ich nicht schon zu alt dafür?
- Wie sehr wird ein Kind mein Leben, meine Freiheit einschränken?
- Wird mein Kind gesund und normal entwickelt geboren werden?
- Werden meine Partnerin und mein Kind die Schwangerschaft und die Geburt gut überstehen?
- Kann ich mir/können wir uns Kinder überhaupt leisten – sowohl in zeitlicher als auch finanzieller Hinsicht?
- Wie werden sich unsere Beziehung und meine Persönlichkeit sowie die meiner Partnerin verändern?
- Wird sich meine Partnerin körperlich verändern?
- Wird sich unsere Sexualität anders entwickeln?
- Passt ein Kind wirklich in unser Leben?

Zwischen großer Freude, Bedenken und Befürchtungen ist das Vaterwerden also eine spannungsreiche Lebensphase, die auch als »Rushhour des Lebens« bezeichnet wird: Berufsausbildung und Karriere, Familiengründung und die Koordination persönlicher und partnerschaftlicher Interessen und Aufgaben müssen gleichzeitig bewältigt werden.

Reden ist Silber, **Schweigen** ist **Schrott!**

Zwischen Freude und Sorgen hin- und hergerissen zu sein ist ganz normal. Ihrer Partnerin wird es wahrscheinlich ähnlich gehen wie Ihnen. Sprechen Sie miteinander über die Dinge, die Sie bewegen! Ärzte, Hebammen, Paar- und Familienberater stellen immer wieder fest, dass Paare, auch werdende Elternpaare, zu wenig voneinander wissen, weil sie zu wenig miteinander sprechen. Reden hilft – fast immer. Es entlastet, befreit und eröffnet Ihnen als Paar neue Horizonte. Viele Anregungen, wie Sie die Geburt Ihres Kindes als Chance für sich und Ihre Beziehung zu Ihrer Partnerin nutzen können, bekommen Sie ab Seite 141. Sie können jedoch schon in der Schwangerschaft beginnen, Ihre Freuden, Wünsche, Erwartungen und Befürchtungen zu teilen. Manchmal ist es auch gut, sich zunächst mit Freunden, Verwandten oder vertrauten Kollegen zu besprechen, die vielleicht schon Väter sind. Bei größeren Zweifeln oder Ängsten kann es hilfreich sein, sich an Beratungsstellen für Männer und Väter beziehungsweise für Familien- und Sexualberatung (siehe Adressen ab Seite 173) zu wenden.

Tipp

Austausch innerhalb und **außerhalb** der Beziehung

- Reden Sie mit Ihrer Partnerin über Ihre Gedanken und Gefühle zu Ihrer Vaterschaft.
- Suchen Sie den Austausch mit Männern, die bereits Väter sind. Was hat sich für sie verändert, wie haben sie die Herausforderungen des Vaterwerdens gemeistert?
- Sprechen Sie ruhig auch mit Ihrem eigenen Vater darüber, wie er Ihre Geburt damals empfunden hat. Für werdende Eltern kann sich die Beziehung zu den eigenen Eltern auf wunderbare Weise verändern (siehe Seite 46).

IHR KIND ENTSTEHT – UND SIE SIND LIVE DABEI!

Ihre Partnerin ist schwanger – so viel ist klar! Aber wie funktioniert es eigentlich, dass aus einem Ei und einer verschwindend kleinen Samenzelle ein richtiger Mensch wird? Verfolgen Sie die Reise Ihres Kindes mit. Hier ist Ihr Schwangerschaftsfahrplan:

1. MONAT: SIE WERDEN VATER!

Wenn Ei und Samenzelle zueinandergefunden haben, teilt sich die befruchtete Eizelle unaufhörlich. Sie nistet sich in der Gebärmutter ein und ist so mit ihr verbunden. An dieser Verbindung entsteht die Nabelschnur, die in der Plazenta (Mutterkuchen) endet. Über die Plazenta wird der Embryo mit Nährstoffen versorgt, die Blutkreisläufe von Mutter und Kind bleiben dabei getrennt. Hat sich die »Zellkugel« eingenistet, bleiben die Regelblutungen Ihrer Partnerin aus – oft das erste Signal für eine Schwangerschaft. Herzlichen Glückwunsch!
Sobald Sie wissen, dass Sie Vater werden, sollten Sie Ihre Partnerin bei körperlichen Tätigkeiten entlasten. Getränkekästen, Einkaufs- und Wäschekörbe und alles, was über fünf Kilo wiegt, sind nun für die nächsten Monate reine Männersache! Gerade in den ersten Schwangerschaftswochen kann Überanstrengung zu Fehlgeburten führen, in den späteren Monaten zu Frühgeburten. Versuchen Sie auch, unnötigen Stress zu vermeiden. Denn bereits jetzt ist Ihr Kind sehr empfänglich und empfindlich für Gefühlsschwankungen seiner Mutter.
Wenn Sie das Wachstum Ihres Kindes im Bauch seiner Mutter als »Daumenkino« festhalten möchten, machen Sie mit Beginn der Schwangerschaft jede Woche ein Profilfoto von Ihrer Partnerin, etwa seitwärts im Türrahmen stehend. Sie können die Bilder später aneinanderlegen und so die Schwangerschaft im »Zeitraffer« nacherleben.

2. MONAT: ES WÄCHST UND WÄCHST …

Zellteilung und Wachstum gehen mit rasanter Geschwindigkeit weiter. Ihr Kind ist jetzt etwa fünf Millimeter groß. Aus der »Zellkugel« entwickelt sich erkennbar ein Mensch: Wirbelsäule, Nervensystem und Gehirn wachsen, das Herz beginnt zu schlagen. Auch die Anlagen für Arme und Beine haben sich gebildet. Die Ansätze von Fingern und Zehen und die Konturen des Gesichts sind bereits zu erkennen.
Im zweiten Schwangerschaftsmonat haben viele Frauen mit Übelkeit zu kämpfen. Sie wird durch das Schwangerschaftshormon Progesteron ausgelöst. Bei den meisten Frauen legt sich die Übelkeit gegen Ende des dritten Monats, bei manchen aber erst später. Mit dieser unangenehmen Begleiterscheinung kann sich die Schwangerschaft bereits jetzt auf die Paarbeziehung auswirken. Rücksichtnahme und Unterstützung sind angesagt, auch wenn's manchmal schwerfällt.

3. MONAT: KLEINE AUSSERIRDISCHE

Ihr Kind ist jetzt etwa so groß wie eine Kirsche – und: Es kann sich schon bewegen! Alles, was ein Mensch an Organen und Körperteilen braucht, ist bereits vorhanden. Das Baby hat jetzt noch viel Platz in der Fruchtblase, von der es umgeben ist, und es turnt lebhaft in der Schwerelosigkeit des Fruchtwassers herum. Bei einer Ultraschalluntersuchung ist Ihr Kind nun schon gut zu sehen und mutet wegen des sehr großen Kopfes etwas außerirdisch an.

4. MONAT: ZEIT FÜR EINEN BAUCHNAMEN

In den ersten drei Monaten hieß Ihr Kind medizinisch »Embryo«, ab jetzt wird es »Fötus« genannt – beides keine wirklich schönen Namen. Seien Sie kreativ und suchen Sie gemeinsam mit Ihrer Partnerin einen schönen »Bauchnamen« für Ihr Kind! Es ist jetzt ungefähr so groß wie ein Tischtennisball. Auf dem Ultraschallbild sind die Geschlechtsorgane bereits zu erkennen. Entscheiden Sie gemeinsam, ob Sie über »Junge oder Mädchen?« Bescheid wissen wollen.

5. MONAT: REDEN SIE MIT IHREM KIND

Spätestens jetzt wird der »Bauchname« aus Monat 4 wichtig. Das Gehör bildet sich aus: Ihr Kind nimmt Stimmen, Geräusche und Musik von außen wahr. Es ist auch sehr empfänglich für Stimmungen und reagiert auf Stress und Entspannung seiner Mutter. Eine gute Zeit, Ihr Kind aktiv ins Familienleben einzubeziehen! Reden Sie mit ihm. Auch wenn es Ihre Worte noch nicht verstehen kann, hört es Ihre Stimme und merkt, dass Sie in Gedanken bei ihm sind. Wenn Sie schon jetzt beginnen, auf diese Weise Kontakt zu Ihrem Kind aufzubauen, dann gelingt Ihnen auch der Beziehungsaufbau zu Ihrem Baby nach der Geburt besser: Ihr Kind ist nicht »plötzlich« da, denn Sie kennen es ja schon aus seiner Zeit im Bauch.

6. MONAT: TURNSTUNDE, DIE ERSTE!

Meist beginnen jetzt die ersten »Turnstunden«. Ihr Kind wird richtig aktiv und hat mittlerweile eine Größe, die Ihre Partnerin die Bewegungen mal mehr, mal weniger deutlich spüren lässt.
Wer sich viel bewegt, muss auch viel schlafen – und das tut Ihr Baby meist dann, wenn Ihre Partnerin sich bewegt. Ruht sie sich aus, kann es sein, dass Ihr Baby sich selbst bewegt. Eine gute Gelegenheit für Sie, die Hände auf den Bauch Ihrer Partnerin zu legen und mit Ihrem Kind Kontakt aufzunehmen. Es sieht übrigens schon aus wie ein kompletter Mensch: mit einem dünnen Haarflaum auf dem Kopf und zarten Augenwimpern. Es kann am Daumen lutschen, husten und niesen.

7. MONAT: TURNSTUNDE, DIE ZWEITE!

Ihr Kind wächst schnell, legt an Größe und Gewicht zu, und der Bauch Ihrer Partnerin wird immer runder. Es hat aber noch genügend Platz, um sich zu bewegen und Purzelbäume zu schlagen. Manchmal drückt es einen Arm oder ein Bein so stark nach außen, dass Sie das deutlich sehen können. Oft ist es nachts aktiv, sodass Ihre Partnerin wenig Schlaf bekommt und sich auch tagsüber öfter ausruhen muss.

8. MONAT: LANGSAM WIRD'S ENG!

Ihr Kind kann jetzt bereits gut zwischen hell und dunkel unterscheiden. Es macht die Augen auf und zu. Aufgrund seiner Größe hat es nun in der Gebärmutter deutlich weniger Platz, sodass auch seine Bewegungsfreiheit immer mehr eingeschränkt ist.
Die meisten Babys liegen kopfüber mit dem Po in der Nähe der Rippen ihrer Mutter: Das ist schon die günstigste Position für die Geburt. Aber auch jetzt können sie ihre Lage noch ändern.
Die Brüste Ihrer Partnerin stellen sich bereits jetzt auf das Stillen ein. Sie werden größer und produzieren schon Vormilch, die in kleinen Tropfen austritt. Sie sollte nicht herausgedrückt werden, sondern einfach in eine Stilleinlage im BH laufen.

9. MONAT: VON DER LÄNGE IN DIE BREITE …

In den letzten Wochen der Schwangerschaft nimmt Ihr Kind nicht mehr an Länge, dafür aber an Gewicht zu. Es bilden sich Fettpolster und Wassereinlagerungen, die es bei und nach der Geburt schützen. Das angesammelte Fett dient außerdem als Kraftreserve für die erste Zeit nach der Geburt, bis die Muttermilch in ausreichendem Maß produziert wird. Damit hat die Natur für die vorübergehende Gewichtsabnahme der Babys nach der Geburt bereits vorgesorgt.
In den letzten Schwangerschaftswochen setzen die Senkwehen ein. Eine bis drei Wehen pro Stunde, verteilt über den ganzen Tag, helfen, das Kind in die richtige Geburtsposition zu bringen. Dabei rutscht der Babybauch Ihrer Partnerin weiter nach unten, und sie kann wieder besser atmen. Dafür wird sie aber häufiger zur Toilette gehen müssen, da das Kind nun verstärkt auf die Blase drückt.
Dann ist es bald so weit – Ihr Kind wird geboren. Übrigens: Die meisten Kinder wiegen bei der Geburt zwischen 2800 und 4000 Gramm und sind zwischen 48 und 54 Zentimeter groß.
Wie sich die Geburt ankündigt, was dabei passiert und welche Rolle Sie dabei übernehmen können, erfahren Sie ab Seite 27.

Tipp

Spiel mit Ihrem Baby **vor der Geburt**

Mit dieser Übung können Sie durch den Bauch Ihrer Partnerin Kontakt mit Ihrem Kind aufnehmen, es kennenlernen und mit ihm spielen. Das kann außerdem eine Wohltat für Ihre Partnerin sein, besonders wenn sie an Rückenschmerzen leidet.

- Setzen Sie sich bequem aufs Bett und lehnen Sie sich an. Ihre Partnerin setzt sich mit ausgestreckten Beinen zwischen Ihre Beine und lehnt sich mit ihrem Rücken an Ihrem Bauch an Sie. Legen Sie nun von hinten Ihre warmen Hände unten an ihren Bauch. Stellen Sie sich Ihr Kind im Bauch Ihrer Partnerin vor, denken Sie fest an es – schicken Sie ihm in Gedanken Ihre ganze Liebe.
- Nehmen Sie nun ganz langsam und vorsichtig das Gewicht des Bauches und Ihres Kindes in Ihre Hände auf, indem Sie den Bauch Ihrer Partnerin sehr vorsichtig anheben. Gehen Sie nur so weit, wie es Ihrer Partnerin und Ihnen angenehm ist. Versuchen Sie nun, mit leichtem Druck der ganzen Handflächen zu spüren, wie Ihr Kind liegt. Ist der Kopf rechts oder links, oben oder unten? Spüren Sie den Rücken oder die Beine?
- Beginnen Sie nun den Druck einer Ihrer Hände leicht zu verstärken. Sie drücken Ihr Kind auf diese Weise ein wenig Richtung Körpermitte Ihrer Partnerin. Nach etwa zehn Sekunden lassen Sie mit dem Druck nach und geben Ihrem Kind wieder Raum, ohne jedoch den Kontakt zu ihm zu verlieren. Reden Sie dabei mit Ihrem Kind – in Gedanken oder auch laut. Laden Sie es ein, Ihrer Hand zu folgen. Mit ein wenig Aufmerksamkeit und Übung werden Sie bald merken, dass Ihr Kind den Bewegungen Ihrer Hände folgt, dass es mit Ihnen spielt.
- Lassen Sie Bauch und Kind nun ebenso langsam wie beim Anheben wieder herab – je langsamer und gleichmäßiger, desto besser.

RISIKOSCHWANGERSCHAFT – WAS IST DAS?

Im Lauf der letzten Jahre ist der Anteil der sogenannten Risikoschwangerschaften deutlich angestiegen. Heißt das auch, dass das Risiko für Mutter und Kind, bei der Geburt Schaden zu nehmen, gestiegen ist? Mitnichten: Immer weniger Mütter und Babys kommen während der Geburt zu Schaden. Doch jede Schwangere über 35 Jahren wird automatisch als »risikoschwanger« eingestuft. Weil Frauen in den letzten Jahrzehnten – durchschnittlich gesehen – immer später ihr erstes Kind bekommen, also auch immer mehr Frauen bei der Geburt ihres ersten Kindes 35 Jahre oder älter sind, geraten immer mehr in diese Gruppe. Gewiss steigt das Risiko, dass es dem Kind im Mutterleib nicht gut geht, dass es nicht gesund ist oder zu früh geboren wird, mit zunehmendem Alter der Schwangeren leicht an. Daher werden diese Schwangerschaften heute meist besonders gründlich kontrolliert – mit mehr Untersuchungen und spezielleren Methoden. Gleichwohl ist zunehmendes Alter nur einer von mehreren Risikofaktoren – und bei Weitem nicht der schwerwiegendste! Viel stärker steigt beispielsweise die Gefahr einer Frühgeburt, wenn die Schwangere raucht oder Alkohol trinkt. Weitere Faktoren für die Einstufung als Risikoschwangerschaft sind:

1. chronische Krankheiten der Mutter, etwa Diabetes
2. vorausgegangene Kaiserschnittgeburten
3. Mehrlingsschwangerschaften
4. Komplikationen bei einer früheren Schwangerschaft
5. Blutgruppenunverträglichkeit zwischen Mutter und Kind
6. Quer- oder Steißlage des Kindes bei nahendem Geburtstermin
7. Alter der werdenden Mutter unter 18 Jahren

Ihre Partnerin und Sie sollten sich bei einer Risikoschwangerschaft so verhalten, wie Sie sich bei erhöhten Risiken immer verhalten – besonders vorsichtig sein und passende Maßnahmen ergreifen:

- Gehen Sie möglichst gemeinsam zu jeder Vorsorgeuntersuchung, verkürzen Sie möglicherweise die Abstände.
- Helfen Sie Ihrer Partnerin, einen kühlen Kopf zu bewahren, indem Sie über Beunruhigendes reden und bei aller Aufregung die sachlichen und fachlichen Informationen möglichst präzise einholen.
- Fragen Sie bei Ärzten so lange nach, bis Sie wissen, was Sache ist!
- Wenn Ihnen die Diagnosen oder empfohlenen Verhaltensregeln für Schwangerschaft und Geburt über- oder untertrieben vorkommen und Sie unsicher sind, holen Sie eine zweite ärztliche Meinung ein.
- Begeben Sie sich in die Obhut einer Hebamme, die Vorsorgeuntersuchungen durchführt. Gerade bei einer »Risikoschwangerschaft« ist dieser Beistand schon vor der Geburt hilfreich.

Sie können Ihrer Partnerin im Umgang mit Schwangerschaftsrisiken sehr gut helfen, damit es ihr und Ihrem Kind möglichst gut geht:

- Unterstützen Sie Ihre Partnerin dabei, sich während der Schwangerschaft besonders ausgewogen und gut zu ernähren. Viel Gemüse und Obst, kein Fastfood, leichte, vitaminreiche Kost, auf mehrere kleine Mahlzeiten über den Tag verteilt – gerade in den letzten Schwangerschaftsmonaten und bei Sodbrennen.
- Sorgen Sie für Ausgeglichenheit und Entspannung. Entrümpeln Sie Ihren Tag und Ihre Aufgabenliste und versuchen Sie, sich Zeit für Ihre Partnerschaft und die Einstimmung auf das Familienleben zu nehmen, anstatt die Wohnung oder das Kinderzimmer perfekt vorzubereiten.
- Nicht wenige werdende Mütter neigen dazu, auch während der Schwangerschaft noch ganz ihre »Powerfrau« stehen zu wollen. Beruf, Haushalt, Schwangerschaft – alles kein Problem? Von wegen! Tragen Sie als werdender Vater auch dazu bei, dass Sie beide sich auf die Geburt Ihres Kindes mit innerer Ruhe vorbereiten. Den Beruf und alles andere dürfen Sie jetzt auch einmal weniger wichtig nehmen!

SCHWANGERSCHAFT UND GEBURT – AUCH EIN VÄTERTHEMA!

Es ist nicht leicht, als Mann in einem Bereich seinen Platz zu finden, in dem sich alles um die schwangere Frau dreht und in dem überwiegend Frauen arbeiten. Klar, nicht Sie sind schwanger, sondern Ihre Partnerin. Sie werden Ihr Kind auch nicht gebären oder stillen. Aber viele Fragen, Aufgaben und Entscheidungen rund um Schwangerschaft und Geburt gehen Sie sehr wohl etwas an. Sie helfen Ihrer Partnerin und Ihrem Kind am besten, wenn Sie von Anfang an aktiv dabei sind.

Erfahrungsbericht

Walter, 36, zwei Kinder

Bereits in der ersten Schwangerschaft meiner Frau wollte ich sie so gut es geht unterstützen. Ich war total stolz drauf, Vater zu werden, begeistert davon, mit meiner Partnerin »einfach so« ein Kind »machen« zu können. Wir wünschten uns beide, dass auch ich von der Schwangerschaft so viel wie möglich mitbekomme. Daher bin ich zu den meisten Vorsorgeuntersuchungen mitgegangen.
Wir hatten auch schon früh Kontakt zu einer Hebamme, die uns drei bei der Geburt begleiten sollte. Zuerst war ich etwas irritiert, dass sie sich kaum um mich kümmerte. Ich kam mir überflüssig vor und war vielleicht sogar ein bisschen neidisch darauf, wie gut meine Frau und die Hebamme sich verstanden. Aber bei der Geburt wurde mir klar, wie wichtig die gute Beziehung zwischen den beiden war: Meine Frau konnte sich der Unterstützung und »Führung« der Hebamme sehr gut anvertrauen. Und ich war dankbar für ihre klaren Anregungen, die mir geholfen haben, meine Frau und mein Kind zu unterstützen.

Nehmen Sie schon jetzt **aktiv teil!**

Wenn Sie nicht nur bei der Zeugung und in der Schwangerschaft, sondern auch bei der Geburt Ihres Kindes dabei sein wollen, dann sollten Sie sich schon jetzt Gedanken machen, wie Sie Ihren Übergang vom Mann zum Vater mitgestalten wollen. Deshalb ist es gut und wichtig, sich als werdender Vater aktiv Informationen zu beschaffen und alle Entscheidungen rund ums Familiewerden mit zu treffen.

Im Laufe der Schwangerschaft sind eine Reihe von Vorsorgeuntersuchungen geplant. Es wird geprüft, gemessen und kontrolliert, wie sich Ihr Kind entwickelt und ob es Mutter und Kind gut geht. Grund genug für Sie, sich aktiv zu beteiligen. Begreifen Sie sich und Ihre Partnerin ruhig als »gemeinsam schwanger« – gehen Sie zu möglichst vielen dieser Untersuchungen mit. Hier haben Sie Gelegenheit, alles aus erster Hand zu erfahren. Sie können der Ärztin oder Hebamme Fragen stellen und sich erklären lassen, wie das Kind im Bauch liegt. Sie können es bei den Ultraschalluntersuchungen betrachten. Leider gibt es immer noch Ärzte und Hebammen, die werdende Väter nicht von sich aus in die Gespräche einbeziehen. Suchen Sie also frühzeitig gemeinsam eine Ärztin oder einen Arzt, wo Sie sich beide gut aufgehoben fühlen.

Meist richten sich die Fragen von Ärzten vor allem auf das körperliche Befinden der Schwangeren. Die emotionalen, psychischen und sozialen Veränderungen, die werdende Eltern im Laufe der Schwangerschaft und vor allem in der ersten Zeit nach der Geburt durchleben, sind hier selten Thema. Deshalb erfahren Sie in diesem Buch mehr darüber.

Sehr angenehm kann es sein, zu (einem Teil der) Vorsorgeuntersuchungen zu einer Hebamme zu gehen. Hebammen nehmen sich meist mehr Zeit und kommen teils zu den Untersuchungen zu Ihnen nach Hause. Ideal ist es, wenn Ihre Partnerin und Sie bereits relativ früh in der Schwangerschaft nach einer Hebamme Ihres Vertrauens Ausschau halten. Haben Sie bei der ersten Hebamme, die Sie kennenlernen, nicht das Gefühl, dass die »Chemie« stimmt, suchen Sie weiter. Informationsgespräche mit mehreren Hebammen sind möglich und wichtig.

Sie beide entscheiden, wie viel Hebammenhilfe Sie in Anspruch nehmen wollen. Das heißt, ob die Hebamme Ihre Partnerin und Sie nur vor und nach der Geburt betreut (siehe Seite 96) oder ob sie auch die Geburt begleiten soll, sei es als Beleghebamme in einer Klinik, in einem Geburtshaus oder bei einer Hausgeburt (siehe ab Seite 32).

Welcher **Geburtsort** ist der richtige für uns?

Grundsätzlich wird zwischen klinischer und außerklinischer Geburtshilfe unterschieden. Letztere umfasst die Hausgeburt, die Geburt im Geburtshaus oder in einer Hebammen-/Arztpraxis. Bei der klinischen Geburt werden stationärer und ambulanter Aufenthalt unterschieden, jeweils mit der Möglichkeit, mit einer Beleghebamme zu gebären.
Ihre Partnerin, Ihr Kind und Sie sind bei der Geburt die Hauptpersonen. Deshalb ist in erster Linie wichtig, dass Ihre Partnerin sich wohl und sicher fühlt. Grundsätzlich gilt, dass bei Zweifeln die Entscheidung immer zugunsten der Sicherheit getroffen werden sollte. Gehen Sie zu Kreißsaalführungen und Informationsveranstaltungen in Geburtshäusern. Sprechen Sie auch mit Hausgeburtshebammen. Wenn Sie bereits früh in der Schwangerschaft damit beginnen, haben Sie ausreichend Zeit, die passende Entscheidung zu treffen. In der Tabelle auf Seite 34/35 finden Sie eine Übersicht der Vor- und Nachteile der jeweiligen Geburtsorte.

KLINIKGEBURT

In größeren Städten gibt es meist mehrere Geburtskliniken, unter denen Sie wählen können. Nehmen Sie an mehreren Kreißsaalführungen teil und stellen Sie Fragen. Ein paar Anregungen, worauf Sie achten sollten, haben wir auf der folgenden Seite zusammengestellt.
In vielen Kliniken nehmen die dortigen Hebammen bereits vor der Geburt die persönlichen Daten und den bisherigen Schwangerschaftsverlauf auf. Fragen Sie bei der Kreißsaalführung, was möglich und sinnvoll ist, um die Geburt in der Klinik gut vorzubereiten.

Checkliste

Fragen für die **Kreißsaalführung**

- Wie ist das Geburtszimmer/der Kreißsaal ausgestattet (freundliche Umgebung, breites Bett, Badewanne, Gebärhocker ...)?
- Hat Ihre Partnerin die Möglichkeit, sich zu bewegen und aufrechte Haltungen einzunehmen, auch zur Geburt?
- Wie viele Hebammen sind pro Schicht im Kreißsaal? Wie viele Geburten finden im Monat statt? So erfahren Sie etwas über die durchschnittliche Zahl der gebärenden Frauen pro Hebamme in einer Schicht und können sich ein Bild über deren Erfahrung in der Geburtsbegleitung machen.
- Wie werden die Herztöne und Wehen überwacht? Ständig, nur bei Bedarf, verdrahtet oder kabellos? Dauernde, verkabelte Kontrolle schrankt die Bewegungsfreiheit Ihrer Partnerin stark ein.
- Welche Beteiligungsmöglichkeiten räumen Ihnen die Hebammen und Ärzte als Geburtsbegleiter und werdendem Vater ein?
- Wie wird das Kind empfangen? Wird es Ihrer Partnerin direkt auf den Bauch gelegt, um in Ruhe anzukommen, oder wird es erst gebadet und angezogen?
- Wird gewartet, bis die Nabelschnur auspulsiert ist (sanfterer Übergang fürs Kind), oder wird sofort abgenabelt?
- Können Sie auch im Notfall bei einem Kaiserschnitt (siehe Seite 76) dabei sein und sich direkt um Ihr Kind kümmern, wenn Ihre Partnerin noch in Narkose ist?
- Wie viel Zeit wird nach der Geburt für die Lösung der Plazenta gelassen? Wann werden hierzu Medikamente gespritzt?
- Gibt es die Möglichkeit, ein Familienzimmer zu bekommen, damit Sie nach einer Geburt mit anschließendem stationärem Aufenthalt bei Ihrer Partnerin und Ihrem Kind auch über Nacht bleiben können?
- Wie intensiv werden die Mütter zum Stillen angeleitet? Gibt es hierzu ein einheitliches Konzept, das Hebammen und Pflegekräfte mittragen?

HAUSGEBURT – GEBURTSHAUS

Voraussetzung für eine außerklinische Geburt ist, dass die Schwangerschaft ohne Komplikationen verlaufen ist. Darüber hinaus gibt es bestimmte Ausschlusskriterien (wie Steißlage, Mehrlinge), die jede Hebamme ausführlich mit Ihnen besprechen sollte. Treten im Verlauf der Geburt Komplikationen auf – das bemerkt eine erfahrene Hausgeburtshebamme meist früh –, verlegt sie die Geburt nach ihrer Einschätzung in ein Krankenhaus. In Geburtshäusern, die mit einem Arzt zusammenarbeiten, wird dieser bei Komplikationen hinzugerufen. Ob die Hebamme im Fall einer Verlegung in die Klinik bei Ihnen bleiben kann, hängt davon ab, ob sie mit dieser einen Belegvertrag hat.
Eine Hausgeburt müssen Sie gut vorbereiten. Klären Sie mit der Hebamme, welche Utensilien nötig sind, und besorgen Sie diese frühzeitig. Außerdem sollten Sie mit ihr besprechen, in welchen Fällen sie eine Verlegung ins Krankenhaus anordnen wird. Dafür sollte auch bei einer geplanten Hausgeburt immer der Klinikkoffer (siehe Seite 62) fertig gepackt sein.
Bei einer Geburt zu Hause oder im Geburtshaus ist ein deutlich höheres Engagement Ihrerseits gefragt als in einer Klinik. Ihre Partnerin braucht Ihre volle Unterstützung. Falls Sie Zweifel haben, ob Sie diesen Anspruch erfüllen können oder wollen, überlegen Sie gemeinsam: Welche vertraute Person können wir bitten, uns zusätzlich bei der Geburt zu unterstützen? Wenn Sie sich Ihrer Sache nicht sicher sind, ist es für Sie beide gut, den Geburtsort nochmals zu überdenken.

»Wie du dich auch entscheidest, entscheide mit deinem ganzen Herzen.«

KONFUZIUS | Chinesischer Philosoph (551–479 v. Chr.)

BELEGHEBAMMEN

Beleghebammen haben als freiberuflich arbeitende Hebammen sogenannte Belegverträge mit Kliniken. Einige sind ins Schichtsystem der Klinik eingebunden, dann unterscheidet sich die Betreuung in nichts von einer normalen Klinikgeburt. Andere stehen in Rufbereitschaft für die werdenden Eltern. Eine solche Beleghebamme kann eine gute Alternative für Sie sein, wenn Sie eine individuelle Rundumbetreuung durch eine Hebamme Ihrer Wahl haben möchten, auf die medizinische Sicherheit einer Klinik jedoch nicht verzichten wollen. Sie schließen mit der Beleghebamme in der Regel einen Rufbereitschaftsvertrag ab. Damit ist die Hebamme normalerweise 14 Tage vor und nach dem errechneten Geburtstermin rund um die Uhr für Sie erreichbar. Wenn die Wehen beginnen, können Sie sie rufen. Sie begleitet Ihre Partnerin und Sie dann zur Geburt in die Klinik und betreut den gesamten Geburtsprozess. So können Sie, sollte die Geburt länger dauern, einen Wechsel in der Hebammenbetreuung durch Schichtwechsel vermeiden.
Für eine außerklinische Geburt suchen Sie sich möglichst eine Hebamme, die einen Belegvertrag mit einer Klinik hat – so stehen Ihnen alle Möglichkeiten offen. Hilfreich ist, wenn sie auch einen Teil der Vorsorgeuntersuchungen in der Schwangerschaft übernimmt, so lernen Sie sich bereits vor der Geburt besser kennen. Wir raten Ihnen jedoch, rund die Hälfte der Untersuchungen beim Frauenarzt durchführen zu lassen. Die nur hier möglichen Ultraschalluntersuchungen gewährleisten eine optimale Begleitung und medizinische Kontrolle.
Beleghebammen finden Sie ebenso wie außerklinisch arbeitende Hebammen über die Landes- und Bundesverbände der Hebammen (Adressen siehe Seite 173). Beginnen Sie mit Ihrer Suche frühzeitig, am besten in der 16. oder 17. Schwangerschaftswoche! Fragen Sie außerdem bei Ihrer Krankenversicherung nach, ob sie das Bereitschaftshonorar der Hebamme übernimmt.

SICHERHEIT UND GEBORGENHEIT – MENSCH UND TECHNIK

Hebammen und Ärzte berichten, dass werdende Väter oft größeres Augenmerk auf Technik und deren Anwendung legen als die werdenden Mütter. Väter fragen oft danach, was ein bestimmtes Gerät leistet und was die jeweilige Anzeige bedeutet. Mütter vertrauen sich dagegen häufiger ihrer eigenen Intuition und der Fachkenntnis des Geburtshilfeteams an. Nicht selten geschieht auch dies: Die Frau möchte eine Geburt möglichst ohne Einsatz von technischen Geräten, zum Beispiel zu Hause oder in einem Geburtshaus – der Mann ist dagegen.
Das väterliche Verantwortungs- und Fürsorgebewusstsein äußert sich also zuweilen als Bedürfnis nach technischer Kontrolle. Manche Männer gewinnen durch technische Hilfsgeräte mehr Sicherheit in einer für sie unsicheren Situation. Finden Sie einen gemeinsamen Weg zwischen menschlicher Geborgenheit und medizinischer Sicherheit, der für Sie als Paar, jedoch in erster Linie für Ihre Partnerin passt.

Tipp

Der **menschliche** Faktor

- Lernen Sie die bei der Geburt beteiligten Personen – Hebamme und Ärzte – kennen; schätzen Sie diese auch als Menschen ein. Die Fachleute sollten Ihr Vertrauen wecken, Sie sollten sich bei ihnen gut aufgehoben fühlen.
- Wenn Sie sich mit Ihrer Partnerin nicht einig sind, sprechen Sie noch einmal über die Wahl des Geburtsortes. Ziehen Sie dabei auch in Betracht, dass es einen negativen Einfluss auf den Verlauf der Geburt haben kann, wenn die werdende Mutter sich nicht wohl und/oder sicher fühlt.
- Egal welchen Geburtsort Sie wählen: Kümmern Sie sich, wenn Sie bereits Kinder haben, rechtzeitig darum, dass diese während der Geburt bei Freunden, Nachbarn, Großeltern gut untergebracht sind.

Info

Den Geburtsort in **Ruhe** auswählen

Damit Sie Ihren Standpunkt zur Wahl des Geburtsorts finden, haben wir hier als Unterstützung die jeweils wichtigsten Vor- und Nachteile für Sie zusammengestellt. Die vergebenen Punkte sind ausdrücklich als Information zu verstehen, die Bewertung der einzelnen Vor- und Nachteile liegt bei Ihnen. So kann etwa die schnelle medizinische Hilfe ausschlaggebend für Sie sein, in eine Klinik zu gehen. Die Aussicht, bei einer Hausgeburt den Luxus zweier Hebammen zu haben, kann der entscheidende Punkt sein, sich bei einer erwartbar unkomplizierten Geburt für die eignen vier Wände zu entscheiden. Besprechen Sie Ihre Entscheidung mit Hebamme und Frauenärztin.

Diese Übersicht dient dazu, Ihnen die Vorzüge und Nachteile der unterschiedlichen Geburtsorte bewusst zu machen und Sie bei Ihrer Entscheidung zu unterstützen. Bewerten Sie jedoch selbst, wie wichtig Ihnen die einzelnen Vor- und Nachteile sind!

● = trifft zu ◐ = kann zutreffen ○ = trifft nicht zu

		klinisch		**außerklinisch**	
Vorteile		stationär	ambulant	Hausgeburt	Geburtshaus
Medizinische Aspekte	Schnelle medizinische Hilfe	●	●	○	◐
	Breites Spektrum schmerzlindernder Medikamente	●	●	○	○
	Angeschlossene Kinderklinik	◐	◐	○	○
	Hebammen haben viel Zeit zur Betreuung (natürlicher Geburtsverlauf, weniger Komplikationen und Eingriffe)	◐	◐	●	●
	Die Geburt und der Umgang mit Neugeborenen können vorab besprochen werden	◐	◐	●	●

		klinisch		außerklinisch	
Vorteile		stationär	ambulant	Hausgeburt	Geburtshaus
Bei der Geburt	Hebamme und Paar kennen sich bereits vor der Geburt: gut informiert, Vertrauen	◐	◐	●	●
	Keine Fahrten zwischen Zuhause und Geburtsort	○	○	●	○
	Vertraute Umgebung	◐	◐	●	◐
	Eigene Räume bleiben von der Geburt unberührt	●	●	○	●
	Krankenversicherung zahlt zwei Hebammen, die eine Gebärende/ein Paar betreuen	○	○	●	●
Nach der Geburt	Vater, Mutter und Kind sind von Anfang an zusammen (»Bonding«, siehe S. 82)	◐	●	●	●
	Geschwisterkinder können sehr früh Kontakt zum Baby knüpfen	◐	●	●	●
	Direkt nach der Geburt viel Ruhe (fördert u. a. den Milchfluss, Babys nehmen meist eher Gewicht zu)	◐	●	●	●
	Jederzeit Hilfe im Umgang mit dem Baby	●	◐	◐	◐
	Jederzeit Unterstützung beim Stillen (Erreichbarkeit der Hebamme sehr gut)	◐	◐	◐	◐
	Schnell Kontakte zu anderen Eltern	●	○	○	○
	Baby kann auch mal abgegeben werden	●	○	○	○
Nachteile		klinisch		außerklinisch	
Medizinische Aspekte	Geringe medizinische Ausrüstung	○	○	●	●
	Vorsorgeuntersuchung (U2) selbst organisieren	○	●	●	●
	Erhöhtes Infektionsrisiko für Mutter und Kind durch erhöhtes Keimaufkommen	●	◐	○	○
Bei der Geburt	Keine freie Wahl der Hebamme (Ausnahme: Beleghebamme, S. 32)	●	●	○	◐
	Bei langer Geburt mehrere Schichtwechsel der Hebammen möglich	●	●	○	◐
	Bei langer Geburt Erschöpfung der Hebamme mangels Schichtwechsel möglich	○	○	●	◐
	Mehrere Gebärende pro Hebamme möglich	◐	◐	○	◐
	Bei Geburtskomplikationen muss Gebärende Ortswechsel ins Krankenhaus in Kauf nehmen (Zeitverlust, zusätzlicher Stress)	○	○	●	●
	Nachbarn können sich belästigt fühlen	○	○	◐	◐
	Medizinisch ausgerichtete Umgebung kann eher das Gefühl wecken, krank zu sein, statt sich einem natürlichen Prozess hinzugeben	●	●	○	○
	Klinikroutine ist störend, unflexibel und einschränkend	◐	◐	○	○
Nach der Geburt	Eingeschränkter Kontakt des Vaters zu Mutter und Kind	●	○	○	○
	Mehrbettzimmer; Unruhe und schreiende Babys belasten stark	●	○	○	○
	Gefahr, dass Mutter sich im frühen Wochenbett zu viele Aufgaben zumutet	◐	●	●	●
	Bei Komplikationen im Wochenbett (Rück-)Verlegung ins Krankenhaus und damit erneuter Ortswechsel	○	●	●	●
	Kontrolle über eigene Ernährung und Umgang mit Kind eingeschränkt	●	○	○	○

»ECHTE MÄNNER« SIND GUT VORBEREITET!

Wenn Sie Ihre Partnerin bei der Geburt begleiten, erleben Sie auch selbst eine Art Geburt: Ihre Verwandlung vom Mann zum Vater. Dieses gemeinsame Erlebnis ist eine einmalige Erfahrung, die Sie sehr eng mit Ihrer Partnerin und Ihrem Kind verbinden kann. Auch wenn Sie noch unsicher sind, ob Sie die Geburt (ganz) miterleben möchten oder lieber nicht dabei sein wollen: Informieren Sie sich auf jeden Fall so gut wie möglich darüber und, noch wichtiger: Bereiten Sie sich vor auf die erste Zeit mit Kind und auf Ihr Vatersein.

Geburtsvorbereitungskurse

Geburtsvorbereitungskurse werden manchmal scherzhaft »Hechelkurse« genannt. Diesen Namen verdanken sie vor allem dem französischen Geburtshelfer Ferdinand Lamaze und seinem Kurskonzept, zu dem das Einüben einer ziemlich anspruchsvollen Atemtechnik gehörte. Feste Zuordnungen zu bestimmten »Schulen« sind aber schon lange nicht mehr üblich. Die meisten Kurse bestehen heute aus einer Zusammenstellung sinnvoller Elemente verschiedener Richtungen.
In den Kursen geht es hauptsächlich darum, wie Ihre Partnerin Ihr Kind gut und ohne Schaden für Mutter und Kind auf die Welt bringen kann. So ist zumindest der Auftrag der gesetzlichen Krankenversicherungen formuliert. Die Versicherungen übernehmen übrigens meist nur die Kursgebühr für die Frau, derzeit für 14 Stunden. Fragen Sie deshalb bei Ihrer Krankenversicherung nach, ob sie als moderne, familienfreundliche und zukunftsorientierte Versicherung auch die Gebühren für Ihre Teilnahme übernimmt. Schließlich tragen Sie als gut vorbereiteter Begleiter einiges zum guten Gelingen der Geburt bei!

Da heute fast alle Väter bei der Geburt ihres Kindes dabei sind, sprechen viele Kurse mittlerweile auch den Partner als Geburtsbegleiter an. Besuchen Sie deshalb am besten mit Ihrer Partnerin einen Geburtsvorbereitungskurs für Paare, um sich optimal vorzubereiten. Alternativ gibt es auch Frauenkurse mit einzelnen Partnerstunden.

DAS BIETET EIN GUTER KURS

- Informationen über den Verlauf der Schwangerschaft und die Entwicklung des Kindes
- Informationen über den Verlauf der Geburt
- Vorstellung von Gebärpositionen und Möglichkeiten der Schmerzverarbeitung und Entspannung, die gemeinsam geübt werden können
- Möglichkeiten natürlicher und medikamentöser Schmerzlinderung
- Anregungen für die Väter zur Begleitung der Frau bei der Geburt
- Wertvolle Tipps zu Wochenbett, Stillen und die erste Zeit mit Kind
- Ein gutes Forum, um Kontakte zu anderen werdenden Eltern zu knüpfen
- Im Idealfall: Raum für Väterthemen, für Veränderungen in der Partnerschaft (siehe Seite 141), Anregung zur partnerschaftlichen Verteilung von Elternzeit und Elterngeld

Die Auswahl eines geeigneten Kurses ist gar nicht so einfach – die Angebote sind teils sehr unterschiedlich, und es gibt für die Kurse keine einheitlichen Standards. Sinnvoll ist es, den Kurs dort zu besuchen, wo Ihre Partnerin auch Ihr Kind bekommen möchte, oder bei der Hebamme, die Ihrem Kind auf die Welt helfen soll – gesetzt den Fall, der Kurs entspricht Ihrer beider Erwartungen. Mit unserer Checkliste auf Seite 41 sind Sie gut gerüstet, um Ihr Anliegen klar zu formulieren.

WORAN SIE EINEN GUTEN KURS ERKENNEN

Die meisten Kursangebote kommen von Hebammen. Sie sind zurzeit die Einzigen, die die Kursgebühren für die Frauen direkt mit den gesetzlichen Krankenversicherungen abrechnen können. Ausschlaggebend dafür ist die Anerkennung als Hebamme, nicht der Nachweis einer pädagogischen Befähigung. Deshalb sollten Sie außer nach der Kursgebühr und der Abrechnung auch danach fragen, ob und wie die Hebamme sich für die Leitung eines Geburtsvorbereitungskurses pädagogisch weitergebildet hat. So können Sie die Wahrscheinlichkeit erhöhen, dass Sie nicht nur aus medizinischer Sicht erfahren, was bei einer Geburt vor sich geht, sondern dass Ihre Partnerin und Sie auch als werdende Eltern aktiv ins Kursgeschehen einbezogen werden. Informieren Sie sich rechtzeitig über Kurse! Melden Sie sich frühzeitig zu einem Geburtsvorbereitungskurs an, sodass das Kursende rund vier Wochen vor dem errechneten Geburtstermin liegt.

IHR PLATZ IN DER GEBURTSVORBEREITUNG

Ob Sie über die gesamte Dauer des Kurses teilnehmen oder an einem Partnerabend im Frauenkurs – Sie erhalten dabei viele Hilfestellungen, um Ihre Partnerin bestmöglich zu unterstützen und auch mit den eigenen Fragen oder Sorgen gut klarzukommen.

Wissen, was passiert

Viele Frauen und Männer haben Angst vor der Geburt und den damit verbundenen Schmerzen. Angst während der Geburt kann zu Muskelverspannungen führen und damit die Schmerzen noch weiter verstärken. Deshalb ist ein wichtiges Ziel der Kurse, über die körperlichen Vorgänge bei der Geburt zu informieren, um auf diese Weise Ängste abzubauen. Außerdem werden Entspannungsübungen vorgestellt und geübt. Diese Übungen können nicht nur Ihrer Partnerin, sondern auch Ihnen helfen, bei der Geburt ruhiger zu bleiben.

Übung macht den guten Begleiter

Oft sind Männer an den medizinischen und technischen Aspekten von Schwangerschaft und Geburt besonders interessiert. Sie wollen genau wissen, wie eine Geburt vor sich geht, und sichergehen, dass in einer Notsituation alles für ihre Partnerin und ihr Kind getan wird. Das ist ganz natürlich, schließlich wollen sie ihre Partnerin und ihr Kind gut versorgt wissen und schützen. Entspannungs-, Atem- und Gymnastikübungen in Geburtsvorbereitungskursen nehmen Männer dagegen häufig nur als notwendiges Übel in Kauf. Aber: Erfahrungsgemäß lohnt es sich, diese Übungen mitzumachen! Je mehr sie auch Ihnen in Fleisch und Blut übergehen, desto besser können Sie Ihre Partnerin bei der Geburt unterstützen, indem Sie ihr zum Beispiel helfen, den für sie passenden Atemrhythmus zu finden und zu halten. Haben Sie gemeinsam mit Ihrer Partnerin einige Gebärpositionen durchgespielt, fällt es Ihnen leichter, ihr während der Geburt bei einem Positionswechsel zu helfen oder ihr Veränderungen vorzuschlagen. Auch so schützen und versorgen Sie Ihre Partnerin und Ihr Kind.

Andere werdende Väter treffen

Wo treffen sich werdende Väter? Falls Sie nicht zufällig andere werdende Väter in Ihrem Freundes-, Bekannten- oder Kollegenkreis haben, ist der Geburtsvorbereitungskurs oft die einzige Chance, Männer in der gleichen Situation zu treffen. Nutzen Sie die Gelegenheit. Im Geburtsvorbereitungskurs können Sie Freunde fürs (Väter-)Leben finden. Besonders in den ersten Jahren mit Kind(ern) sind solche Freundschaften sehr wichtig, um sich auszutauschen und im »erweiterten Familienkreis« viel gemeinsam zu unternehmen.

»Anteilnehmende Freundschaft macht das Glück strahlender und erleichtert das Unglück.«

MARCUS TULLIUS CICERO | Römischer Politiker (106–43 v. Chr.)

»Männerrunden« im Geburtsvorbereitungskurs

Fragen Sie die Kursleiterin bereits vor der Anmeldung zum Kurs, spätestens jedoch zu Kursbeginn, wie sie die werdenden Väter in die Kursarbeit einbindet. Wenn sie sich dazu noch keine Gedanken gemacht hat, bieten Sie Unterstützung an. Überlegen Sie mit ihr, was Männer für ihr Vaterwerden und -sein im Geburtsvorbereitungskurs brauchen und was die Kursleiterin dazu beitragen will und kann.
Wenn die Leiterin sich dazu nicht in der Lage fühlt oder nicht eigens auf Männer eingehen möchte, erkunden Sie andere Angebote oder werden Sie im Kurs selbst aktiv. Auf der nächsten Seite finden Sie eine Reihe von Themen, die häufig unter »schwangeren Männern« besprochen werden – innerhalb oder außerhalb von Geburtsvorbereitungskursen.

Wichtige Themen für Gespräche unter Männern im Kurs

- Welche Wünsche und Befürchtungen habe ich für die Geburt?
- Will ich bei der Geburt dabei sein? Was will ich sehen? Was nicht?
- In welcher Klinik/welchem Geburtshaus haben andere Männer sich als (werdende) Väter gut eingebunden und betreut gefühlt?
- Wie können wir die Geburt unseres Kindes als Familie feiern?
- Was ist mir wichtig für die erste Zeit mit dem Baby zu Hause?
- Wie kann ich in der Zeit des Wochenbetts für Entlastung und Unterstützung sorgen?
- Wie wird ein Kind unsere Paarbeziehung verändern?
- Wie hat sich die Sexualität mit meiner Partnerin seit Beginn der Schwangerschaft verändert? Wie gehe ich damit um? Wie kann sich unser Liebesleben nach der Geburt entwickeln?
- Was ist mir für die Erziehung meines Kindes wichtig?
- Was möchte ich als Vater meinem Kind für sein Leben mitgeben?
- Wie verändert mein Vaterwerden eventuell mein Verhältnis zu meinen eigenen Eltern?

Regen Sie an, dass Sie als werdende Väter sich auch privat treffen. Die anderen Männer werden Ihre Initiative sicher dankbar aufnehmen.

Oder gehen Sie mit Ihren Kursvätern auch mal einen Abend (ohne Frauen) ganz klassisch in die Kneipe – es tut sicher gut, zu hören, wie der Alltag anderer (werdender) Väter und Paare aussieht!
In einigen Familienbildungsstätten gibt es mittlerweile auch eigene Angebote für Väter und Kinder oder die Gelegenheit, einen Vater-Kind-Treff einzurichten. In größeren Städten wie Berlin, Hamburg oder Köln gibt es sogar »Papaläden« beziehungsweise »Väterzentren«, die Angebote für (werdende) Väter mit und ohne Kinder und auch für Familien machen (Adressen siehe Seite 173).

Checkliste

Hilfen für die **Auswahl** eines **Kurses**

- Über welche Ausbildungen verfügt die Kursleiterin? Was will sie vermitteln?
- Bereitet der Kurs auch auf die erste Zeit mit Kind vor?
- Gibt er Infos zu Entlastungsmöglichkeiten für die erste Zeit mit Kind?
- Wie werden die angehenden Väter ins Kursgeschehen einbezogen?
- Gibt es spezielle Einheiten für die Väter?
- Gibt es (leider selten angeboten) einen männlichen Co-Leiter, der speziell auf Fragen und Bedürfnisse der werdenden Väter eingeht?
- Geht der Kurs über die üblichen 14 Stunden hinaus? Kann (eventuell gegen Zuzahlung) auch ein zeitlich und thematisch erweiterter Kurs belegt werden?
- Sind auch mögliche Veränderungen in der Paarbeziehung (emotional, sexuell) durch die Schwangerschaft und Geburt ein Thema?
- Hilft der Kurs auch bei der Planung von Zeit- und Aufgabenverteilung nach der Geburt?
- Wird der Umgang mit untröstlich weinenden Babys thematisiert?
- Hilft Ihnen der Kurs, Geschwisterkinder auf das Baby vorzubereiten und so Eifersucht zu vermeiden?

RICHTEN SIE SICH EIN – DER »NESTBAU«

Für viele Paare, die Eltern werden, ist die Schwangerschaft auch die Zeit des »Nestbaus«, sie richten sich also auch räumlich auf das neue Leben als Familie ein. Wie Sie das stressfrei und kostengünstig hinbekommen können, erfahren Sie auf diesen Seiten.
Für viele Paare ist die erste Schwangerschaft einer der entscheidenden Gründe, zusammenzuziehen. Falls auch Sie gerade auf der Suche nach einem neuen Domizil sind, denken Sie daran: Weniger ist manchmal mehr! Das heißt: Eine große Miet- oder Eigentumswohnung, die Sie gleich perfekt einrichten wollen mit neuer Küche, neuem Wohnzimmer und neuem Schlafzimmer, oder ein Hausbau kosten eine Menge Nerven und Geld. Geld, für das Sie viel arbeiten müssen, wodurch Sie wahrscheinlich weniger Zeit für Ihre Familie haben werden.
Überlegen Sie mit Ihrer Partnerin, welche gemeinsamen Ansprüche Sie haben. Brauchen Sie wirklich die perfekte Einrichtung und den Zweitwagen, oder möchten Sie sich vorrangig den Luxus gemeinsamer Zeit fürs Kind oder geteilter Elternzeit leisten (siehe ab Seite 166)?
Ein Baby hat nur den Anspruch, seine Eltern möglichst entspannt um sich zu haben, das heißt seine lebenswichtigen Bedürfnisse nach Nahrung und Zuwendung gestillt zu bekommen – es braucht keine Luxusumgebung.

Kinderzimmer, Schlafzimmer oder Elternbett?

Für viele ist die Einrichtung eines Kinderzimmers fester Bestandteil des Nestbaus. Weniger kann aber auch hier mehr sein. In der ersten Zeit braucht Ihr Kind kein eigenes Zimmer. Am liebsten ist es da, wo seine

Eltern sind. Besonders praktisch ist es, wenn das Babybett ganz dicht bei oder an Ihrem steht. Neben der Nähe, die Sie miteinander haben, hat das einen sehr praktischen weiteren Effekt: Sie und Ihre Partnerin müssen nachts nicht ständig aufstehen, wenn Ihr Kind sich nach Ihnen sehnt. Dazu gibt es spezielle Babybetten, die sich am Elternbett befestigen lassen und somit eine barrierefreie Erweiterung der elterlichen Matratze darstellen. Mit ein wenig handwerklichem Geschick lässt sich aber auch so manch vorhandenes Baby- oder Kinderbett entsprechend umbauen. Wenn Ihr Kind seinen eigenen Schlafplatz auf einer festen, luftdurchlässigen Matratze hat, die auf einer Ebene mit Ihrer Matratze liegt, hat das außerdem den Vorteil, dass Sie Ihr Baby schnell erreichen können, um es zu beruhigen, sich an es zu kuscheln, seinen Atem zu hören, seinen Babyduft zu riechen und sich an der Nähe zu ihm zu freuen. Wenn Ihre Partnerin auf der »Baby-Seite« schläft, muss sie zum Stillen noch nicht einmal aufstehen. Mehr zum Thema babygerechter Schlafplatz lesen Sie ab Seite 115.

»Ein Kind betritt deine Wohnung
und macht in den folgenden zwanzig Jahren
so viel Lärm, dass du es kaum aushalten kannst.
Dann geht das Kind weg
und lässt das Haus stumm zurück,
dass du denkst, du wirst verrückt.«

JOHN ANDREW HOLMES | Amerikanischer Schriftsteller

Die **Grundausstattung** für Ihr Baby

Hellblau oder rosa? Na ja, vielleicht wissen Sie es ja schon. Aber möglicherweise gefällt Ihnen auch keine der beiden Farben. Die Zeiten, in denen Männer in Babykleidungsgeschäften betrachtet wurden wie Wesen von einem anderen Stern, sind lange vorbei. Auch die Werbung hat die jungen, engagierten Väter längst als zahlungskräftige Zielgruppe erkannt. Machen Sie sich doch gemeinsam mit Ihrer Partnerin auch einmal Gedanken über die (Erst-)Ausstattung Ihres Kindes.

Bei Kleidung raten wir Ihnen: Kaufen Sie auch gebrauchte Stücke, ob übers Internet oder vor Ort im Baby-Secondhandshop. Kleidung aus zweiter Hand ist erheblich günstiger und durch das häufige Waschen bereits frei von chemischen Ausrüstungen, die Allergien auslösen können. Noch besser: Leihen Sie sich Kinderkleidung von Freunden und Verwandten, die bereits Kinder haben. Babys wachsen so schnell, dass sie alle paar Wochen die nächste Größe brauchen.

Sparen Sie aber nicht am falschen Ende: Bei Dingen, die der Sicherheit Ihres Kindes dienen, sollten Sie nicht nur auf Funktionalität und Preis, sondern auch auf Schadstofffreiheit achten, etwa bei Babyfon oder Wickeltischauflage. Hilfe finden Sie unter anderem in den regelmäßig aktualisierten Baby- und Kleinkindheften von »Öko-Test« (siehe Seite 173). Achten Sie beim Kauf auf entsprechende Hinweise, und bitten Sie auch die Menschen darum, die Ihrem Baby etwas schenken wollen.

AUF VIER GROSSEN RÄDERN

Für Autofahrten braucht Ihr Kind eine geeignete Babysitzschale. Informieren Sie sich vor dem Kauf über Testurteile zu den einzelnen Produkten. Sicherheit sollte an erster Stelle stehen. Benutzen Sie die Autositzschale bitte nur für Autofahrten oder zusätzlich maximal für den Transport vom Auto ins Haus. Wenn Ihr Baby zu lange in der halb sitzenden Haltung verweilt, die eine solche Schale seinem Rücken aufzwingt, schadet das seiner Wirbelsäule. Achten Sie unbedingt auf die Einbauhinweise des Herstellers, insbesondere im Zusammenhang mit Airbags.

AUF VIER KLEINEN RÄDERN

Der Kinderwagen ist für viele zunächst das wichtigste Transportmittel. Er sollte gut gefedert sein, um den Rücken Ihres Kindes zu schonen – solange Babys noch nicht ungestützt sitzen können, sollten sie flach liegen können. Buggys und Jogger sind daher für Säuglinge nicht geeignet. Sehr wichtig: Achten Sie außerdem im Interesse Ihres eigenen Rückens darauf, dass der Wagen einen entsprechend hoch einstellbaren Griff hat! Auch die ausreichende Fußfreiheit beim Schieben ist sehr wichtig, damit Sie sich nicht stoßen und womöglich notgedrungen neben dem Wagen laufen müssen. Achten Sie auf einen breiten Radstand (höhere Stabilität, kippsicher), beidseitige Bremsen und darauf, dass sich der Wagen auch zusammengeklappt im Auto transportieren lässt. Falls er über Treppen getragen werden muss, sollte er nicht zu schwer sein. Wenn Sie öffentliche Verkehrsmittel benutzen, ist ein schmaler Wagen günstig.

OHNE RÄDER UNTERWEGS

In vielen Situationen sind Tragehilfen und Tragetücher eine praktische Ergänzung zum Kinderwagen. Viele Kinder und Eltern lieben den engen Körperkontakt sehr. Gerade wenn Sie Treppen hinaufmüssen oder häufig öffentliche Verkehrsmittel nutzen, kann ein Tragetuch oder Tragesack viel praktischer sein als ein sperriger Kinderwagen. Lassen Sie sich die Anwendung unbedingt im Fachgeschäft oder von Ihrer Hebamme zeigen, und zwar mit Kind und so lange, bis Sie sich im Umgang damit sicher fühlen. Ein richtig gewickeltes Tragetuch kann die gesunde Entwicklung Ihres Kindes fördern, »schief« gewickelt kann es aber auch der Wirbelsäule schaden. Ein gutes Tragetuch ist aus so stabilem Baumwollmaterial, dass Sie es auch für weitere Kinder noch verwenden können. Es lässt sich außerdem später als Hängematte oder Schaukel einsetzen (siehe Internet-Tipp Seite 173). Die Anschaffung lohnt sich also. Übrigens: Kinderwagen und Tragehilfen müssen ebenfalls nicht neu sein, Sie bekommen auch gute gebrauchte Exemplare.

VATER WERDEN – VATER SEIN

Zum Vaterwerden und Vatersein gehört viel Vorbereitung, etwa auf die Geburt und den Nestbau. Bei allem Organisieren, damit der äußere Rahmen stimmt: Denken Sie auch an Ihre innerliche, ja sagen wir ruhig: Ihre seelische Vorbereitung auf Ihre neue Rolle als Vater!

Gespräche mit dem **eigenen Vater**

Bei Ihren Vorbereitungen auf die Geburt und Ihr Vatersein ist Ihnen vielleicht schon öfter der Gedanke an Ihren eigenen Vater gekommen. Nun setzen Sie die Generationenfolge fort, Sie sind nicht länger nur Kind, sondern bald auch Vater – und Ihr Vater wird Opa! Ein wichtiger Anlass, mit ihm ins Gespräch zu kommen, ganz besonders dann, wenn Sie sich ihm nicht mehr so nah fühlen. Auch wenn Ihr Vater vielleicht nicht immer der war, den Sie sich als Kind gewünscht haben: Nutzen Sie seine Erfahrungen. Das heißt natürlich nicht, dass Sie alles genauso machen müssen wie er: Finden Sie Ihren ganz eigenen Stil als Vater! Nutzen Sie das, was Sie in Ihrer eigenen Kindheit an Gutem erfahren haben, und lassen Sie Ihre eigene Persönlichkeit mit einfließen. Bleiben Sie entspannt, statt unbedingt die Fehler der eigenen Eltern vermeiden zu wollen. Wenn es Ihnen schwerfällt, den Kontakt zu intensivieren oder wieder aufzunehmen, denken Sie an Ihr Kind: Kinder lieben Großväter. Und selbst die griesgrämigsten alten Leute tauen meist beim Anblick eines Babys oder Kleinkinds auf. Animieren Sie Ihren Vater, Geschichten über seine Zeit als werdender und junger Vater zu erzählen. Fragen Sie ihn, wie es für ihn war, Vater zu werden und junger Vater zu sein: Schon haben Sie eine Fülle neuer Gesprächsthemen – natürlich auch mit Ihrer Mutter und den Eltern Ihrer Partnerin.

»Als ich 14 Jahre alt war,
war mein Vater für mich so dumm,
dass ich ihn kaum ertragen konnte.
Aber als ich 21 wurde,
war ich doch erstaunt,
wie viel der alte Mann
in sieben Jahren dazugelernt hatte.«

MARK TWAIN | Amerikanischer Erzähler und Satiriker (1835–1910)

Wenn Ihre Eltern dennoch nicht für Sie als Gesprächspartner oder als aktive Großeltern in Frage kommen oder bereits gestorben sein sollten, überlegen Sie, wer stattdessen diese Rolle übernehmen könnte.

Wie will ich Vater sein? Mut zu **neuen Wegen**

Vaterwerden und Vatersein sind eigentlich ganz natürliche Angelegenheiten. Aber in unseren modernen Gesellschaften gibt es nur noch wenige festgeschriebene Rollen, auf die wir zurückgreifen können. Das alte Bild des Vaters als alleiniger Familienernährer, der von Haushalt und Kindern keine Ahnung hat, ist in Auflösung begriffen. Heute können und wollen Männer ihr Vatersein selbst ausfüllen. Aber das ist oft gar nicht so leicht, weil es noch nicht so viele Vorbilder für neue, stärker unseren Kindern zugewandte Vaterrollen gibt. Doch es macht auch Spaß, sich auszuprobieren und neue Wege zu gehen.

Nehmen Sie sich Zeit und machen Sie sich ein Bild davon, wie Sie selbst Vater sein wollen. Anregungen dazu finden Sie auch im Tippkasten auf Seite 49.

Vereinbarkeit von Familie und Beruf

Berufliche und familiäre Anforderungen und Wünsche unter einen Hut zu bekommen ist schon lange kein reines Frauenthema mehr. Viele Väter wollen auch im Alltag Zeit mit ihren Kindern verbringen und nicht nur an Wochenenden, und viele Mütter wollen auch ihren beruflichen Interessen nachgehen. Gerade im ersten Lebensjahr der Kinder gibt es in Deutschland durch das Elterngeld vielfältige Möglichkeiten, Elternzeit in Anspruch zu nehmen – auch für Väter, die einen Großteil zum Familieneinkommen beitragen. Insgesamt können pro Kind 14 Monate Elterngeld und drei Jahre Elternzeit genommen werden. Details hierzu finden Sie ab Seite 166. Auch wenn die Elternzeit erst nach der Geburt ansteht: Jetzt ist der richtige Zeitpunkt, um sich gemeinsam mit Ihrer Partnerin Gedanken darüber zu machen, welche Möglichkeiten Sie sehen oder sich schaffen können. Versuchen Sie sich diese drei Jahre bestmöglich aufzuteilen, damit Ihr Kind und Sie viele Erfahrungen miteinander machen können. Von einer intensiven Vater-Kind-Beziehung in den ersten Lebensjahren profitieren Menschen ein Leben lang (siehe Seite 12).

»Mit einer Kindheit voll Liebe kann man ein halbes Leben hindurch für die kalte Welt haushalten.«

JEAN PAUL | Deutscher Dichter (1763–1825)

Tipp

Blick zurück **nach vorn**

Wie möchten Sie Vater sein? Wie will Ihre Partnerin Mutter sein? Setzen Sie sich zusammen und schauen Sie Kinderfotos von Ihnen beiden an.

- Nehmen Sie Bilder aus verschiedenen Altersstufen, auf denen Sie jeweils mit Ihrem Vater (oder einer väterlichen Bezugsperson) zu sehen sind. Versetzen Sie sich in die Situationen hinein:
  - Wie haben Sie Ihren Vater damals erlebt? Woran erinnern Sie sich gern? Woran weniger gern? Versuchen Sie, Eigenschaften Ihrer Väter zu benennen, die für Sie positiv sind, und solche, die Sie weniger schätzen.
  - Stellen Sie sich jeweils vor, Sie seien der Vater auf dem Bild. Wie möchten Sie sein? Was wird Ihr Kind sich von Ihnen wünschen? Was möchten Sie ihm mitgeben?

Ob Sie sich direkt beim Betrachten erzählen, welche Bilder, Erinnerungen und Vorstellungen über Ihr eigenes Elternsein bei Ihnen auftauchen, oder ob Sie lieber hinterher darüber reden, bleibt Ihnen überlassen.

- Tauschen Sie sich im Anschluss aus:
  - Wie haben Sie Ihren Vater erlebt? Wie erlebte Ihre Partnerin ihren Vater?
  - Was war gut, was hätte besser sein können?
  - Wie wollen Sie vor diesem Hintergrund Vater sein?
- Erweitern Sie diese Anregung nun:
  - Betrachten Sie Kindheitsfotos, auf denen Sie, bzw. Ihre Partnerin, mit der Mutter zu sehen sind. Stellen Sie sich dieselben Fragen wie oben.
  - Versuchen Sie herauszufinden, wie Sie beide sich die Eigenschaften der Mutter Ihrer Kinder vorstellen.

Mit einem solchen Gedankenaustausch kommen Sie unausgesprochenen Erwartungen auf die Spur, die eine häufige Ursache von Streit als Eltern sind. Sie entwickeln gemeinsam eine Vorstellung von Ihren Rollen als Vater und Mutter und davon, wie Sie als »Eltern-Team« zusammenarbeiten wollen.

SEXUALITÄT
IN DER SCHWANGERSCHAFT

Mit der Schwangerschaft übernimmt der weibliche Körper Funktionen, die ihn in einen natürlichen, aber doch sehr ungewohnten Zustand versetzen, der viele Anstrengungen mit sich bringt. Aber die Schwangerschaft ist auch eine wunderbare Zeit für Sie beide, den eigenen Körper und die gemeinsame Sexualität neu zu entdecken. Sprechen Sie über diese Veränderungen – auch über mögliche neue Wünsche und Vorlieben, aber ebenso über Dinge, die Ihnen unangenehm sind. So können der wachsende Bauch und pralle Brüste die Lust sehr stark anregen, aber auch neue Liebespositionen notwendig machen oder die Angst vor Verletzungen wecken.

Ein **Eldorado** der **Lust**

Für viele werdende Eltern ist insbesondere das zweite Schwangerschaftsdrittel ein »Eldorado« der Lust. Viele Männer – und auch Frauen – finden den kugeligen Bauch sehr erotisch. Die weiblichen Brüste werden nicht nur größer, sondern auch deutlich empfindlicher. Viele Frauen empfinden auch die stärkere Durchblutung des Scheiden- und Dammbereichs als sehr lustvoll und möchten in dieser Zeit häufiger Sex – mitunter mehr als ihr Partner. Wenn Sie unterschiedlich viel Lust aufeinander haben, kann es hilfreich sein, offen mit dem Thema Selbstbefriedigung umzugehen, denn das kann Ihnen beiden Druck nehmen, die Erwartungen des anderen erfüllen zu müssen. Wenn Sie es möchten, reden Sie nicht nur darüber, sondern tun es einfach, ohne ein schlechtes Gewissen zu haben.
Der große und wunderbare Vorteil der Schwangerschaft ist: Empfängnisverhütung ist in dieser Zeit kein Thema! Sie können also nach

Herzenslust miteinander anstellen, was Sie beide möchten. Aus körperlicher Sicht gibt es zunächst keine Bedenken gegen sexuelle Aktivität in der Schwangerschaft, vorausgesetzt, es liegen keine Schwangerschaftsbeschwerden oder Komplikationen vor, die Sie einschränken. Sollten Sie oder Ihre Partnerin Zweifel haben, fragen Sie einfach den Frauenarzt oder die Hebamme beim nächsten Vorsorgetermin. Ansonsten gilt: Erlaubt ist, was beiden gefällt! Warum sollte es dem Kind nicht gut gehen, wenn es seinen Eltern gut geht? Wenn Sie sich durch die »dritte Person« gestört fühlen, denken Sie einfach daran, dass Ihr Kind Ihre Lust als Ausdruck Ihrer Liebe zueinander miterleben darf.

Durch die Umstellung des weiblichen Hormonhaushalts in der Schwangerschaft kann es sein, dass die Scheide Ihrer Partnerin deutlich trockener ist. Falls dies Ihre gemeinsame Lust beeinträchtigen sollte, besorgen Sie sich in Apotheke, Drogerie oder im Sexshop ein Gleitmittel auf Wasser- oder Silikonbasis oder benutzen Sie ein parfumfreies Körperöl. Falls der runde Bauch Sie beide bei Ihrer Lieblingsposition behindert oder irgendetwas sich nicht mehr so schön anfühlt wie vor der Schwangerschaft: Seien Sie kreativ, probieren Sie neue Dinge aus. Greifen Sie unbefangen zu sexuellen Hilfsmitteln, angefangen mit Kissen, Decken oder sonstigen Polstern bis hin zu anderen Möglichkeiten der sexuellen Stimulation – gerade dann, wenn zum Beispiel eine sexuelle Vereinigung Ihnen oder Ihrer Partnerin nicht die gewünschte Lust bereitet. Versuchen Sie beide, mit Ihrer Sexualität so offen wie möglich umzugehen. Erdulden Sie nichts dem anderen zuliebe. Horchen Sie in sich hinein, was Sie möchten, welche Alternativen es für Sie gibt, und bleiben Sie darüber miteinander im Gespräch – nicht nur während der Schwangerschaft. Denn unausgesprochene sexuelle Wünsche, falsch verstandene Liebesdienste und Tabus, die selbst in sehr vertrauten Paarbeziehungen zum Thema Sexualität bestehen, sind für viele Krisen und Trennungen mitverantwortlich. Hilfen zu Fragen rund um die Sexualität in der Schwangerschaft und nach der Geburt finden Sie bei den Adressen im Anhang (siehe Seite 173).

Wenn die Lust **leidet** ...

Im Gegensatz zum zweiten Schwangerschaftsdrittel fühlen sich einige Frauen in den ersten und den letzten drei Monaten nicht immer richtig wohl in ihrer Haut. Insbesondere in den ersten Wochen der Schwangerschaft leiden viele an Übelkeit, die bei manchen unterschiedlich stark bis zum Ende der Schwangerschaft anhalten und entsprechend die sexuelle Lust dämpfen kann. Auch das letzte Schwangerschaftsdrittel ist für viele Frauen recht beschwerlich. Der Bauch nimmt ungeahnte Ausmaße an. Häufig klagen schwangere Frauen darüber, nicht mehr tief durchatmen zu können. Sie haben Schwierigkeiten beim Treppensteigen oder dabei, im Liegen ihre Position zu verändern. Gerade im Sommer leiden sie unter Wassereinlagerungen in den Beinen und rund um die Gelenke. Hinzu kommen nicht selten Rückenschmerzen durch das zusätzliche Gewicht von bis zu 20 Kilogramm (!), das viele schwangere Frauen zu tragen haben.

All diese Veränderungen beeinflussen natürlich auch die sexuellen Bedürfnisse. Gerade in dieser anstrengenden Zeit suchen Frauen oft eher Zärtlichkeit, Nähe und Verständnis. Sie freuen sich, liebevoll umsorgt zu werden, und über sanfte körperliche Zuwendung oder entspannende Massagen. Manche Paare haben gerade in diesen beiden Phasen der Schwangerschaft wenig Sex miteinander.

»Mit dem nackten Körper stets den Begriff der Erotik verbinden: das ist ungefähr so intelligent, wie beim Mund stets ans Essen zu denken.«

KURT TUCHOLSKY | Deutscher Schriftsteller (1890–1935)

Vielleicht hilft es Ihnen beiden, sich von dem Druck zu befreien, dass zu »gutem« Sex in jedem Fall das Umschließen des Penis durch die Scheide gehört. Seien Sie erfinderisch und offen für Neues. Tipps, wie Sie sich auch bei unterschiedlichen sexuellen Bedürfnissen langsam wieder aneinander herantasten können, finden Sie ab Seite 154.

Vorsicht bei Neigung zu **vorzeitigen Wehen**

Im Sperma sind Prostaglandine enthalten, das sind hormonelle Substanzen, welche die Öffnung des Muttermundes fördern und die Wehentätigkeit anregen – allerdings nur dann, wenn bei der Frau bereits eine Bereitschaft dazu besteht. Bei einer Neigung zu vorzeitigen Wehen sollten Sie bei Frauenärztin oder Hebamme nachfragen: Reicht es aus, Sperma vom Muttermund fernzuhalten, etwa durch ein Kondom? Oder schätzen die Fachleute auch bereits eine »mechanische« Stimulierung als wehenauslösend ein, sodass Sie besser ganz auf Geschlechtsverkehr verzichten, um die Gefahr einer vorzeitigen Geburt so gering wie möglich zu halten?

Wenn Sie **nicht mehr warten** wollen

Wenn medizinisch nichts dagegenspricht, können Sie bis zur Geburt so lange und so viel Sex haben, wie es Ihnen beiden gefällt. Der näher rückende Geburtstermin ist kein Grund, auf Geschlechtsverkehr zu verzichten. Umstritten ist die Empfehlung, Sex zu haben, um das Eintreten der Geburt zu beschleunigen oder gar die Geburt herbeizuführen. Neuere Studien belegen nochmals, dass diese Auffassung kaum zu halten ist: Es liegt bei Ihrer Partnerin und Ihnen, ob Sie dieses »Hausmittel« ausprobieren möchten.

Nichts spricht gegen Sex bis zum Ende der Schwangerschaft, wenn Sie denn beide Lust darauf haben. Aber: Ihr Kind kommt, wann es will, und nicht, wann Sie wollen.

Die Geburt

DES KINDES IST DIE GEBURT DER FAMILIE

Noch vor ein paar Jahrzehnten hatte ein Mann bei der Geburt seines Kindes nichts zu suchen. Heute sind über 90 Prozent dabei und stehen ihrer Partnerin zur Seite. Denn mit der Geburt des Kindes erleben sie aktiv die eigene »Geburt als Vater« und gemeinsam mit ihrer Partnerin und ihrem Kind den Übergang vom Paar zur Familie!

DIE GEBURT
GEMEINSAM ERLEBEN

Die auf früheren Studien beruhende Annahme, die Anwesenheit des Vaters bei der Geburt würde das Komplikationsrisiko erhöhen, ist heute längst widerlegt: Ein gut informierter und vorbereiteter Vater ist eine wichtige Unterstützung für seine gebärende Partnerin. Er gibt ihr Geborgenheit und Sicherheit.

Für Väter, die bei der Geburt ihres Kindes anwesend sind, wird diese zu einem unvergesslichen Erlebnis. In diesem Augenblick stellen sie den allerersten direkten Kontakt zu ihrem Kind her – sinnlich, körperlich und emotional.

Die Geburt ist also der Beginn einer wunderbaren, intensiven Beziehung zu Ihrer Tochter oder Ihrem Sohn!

»Ich finde es schön, dass meine ältere Tochter mich heute manchmal fragt, wie denn ihre Geburt war – und ich kann darauf antworten! Das war mir damals, bei der Entscheidung ›dabei zu sein‹, noch nicht bewusst!«

OLAF, 38 | Vater von zwei Kindern

Der **beste Start** ins Familienleben

Ergebnisse der Väterforschung zeigen, dass Väter, die bei der Geburt ihres Kindes dabei sind,

- üblicherweise mehr Zeit mit ihren Kindern verbringen,
- ihre Kinder häufiger wickeln,
- ihre Kinder öfter am Körper tragen,
- öfter mit dem Baby im Kinderwagen oder im Tragetuch an die frische Luft gehen,
- sicherer im körperlichen Umgang mit dem Kind sind und mehr Spaß daran haben.

Es nutzt Ihrem Kind also schon sehr bald, wenn Sie sich gut auf die Geburt vorbereiten und dabei sind: Kinder von engagierten Vätern sind erwiesenermaßen anderen Kindern in ihrer Entwicklung voraus, und sie sind glücklicher (siehe Seite 12).

Auch Ihre Partnerschaft profitiert in ganz besonderem Maße davon, wenn Sie die Geburt gemeinsam erleben. Es ist die Geburt Ihres Kindes. Ihre Partnerin wird Mutter, Sie werden Vater, und Sie alle werden eine Familie. Sie haben eine Ausnahmesituation gemeinsam erlebt und durchgestanden. Das schmiedet Sie und Ihre Partnerin als Paar noch enger zusammen – die beste Grundlage, auch die oftmals anstrengende erste Zeit mit Kind gut zu meistern.

Viele werdende Väter haben widersprüchliche Gefühle, wenn sie an die herannahende Geburt denken: Auf der einen Seite wünschen sie sich sehnlichst, dabei zu sein, wenn ihr Kind geboren wird. Sie fiebern dem Moment entgegen, in dem sie es endlich zu Gesicht bekommen, anfassen und halten können. Auf der anderen Seite haben sie Angst, der Situation nicht gerecht zu werden, hilflos im Weg zu stehen und mit den Geburtsschmerzen ihrer Partnerin oder – noch schlimmer – mit Notfallsituationen konfrontiert zu sein.

Entdecken Sie Ihre Gedanken und Gefühle in Bezug auf die Geburt und finden Sie Ihren Weg als Geburtsbegleiter. Anregungen und Wegweiser dazu finden Sie auf den nächsten Seiten.

Schmerzen, Schreie, Blut – Ihr **Umgang** mit dem **Elementaren**

Manche Menschen – Frauen und Männer – können kein Blut sehen. Immer wieder berichten werdende Väter in Geburtsvorbereitungskursen, sie hätten Angst, ohnmächtig zu werden, wenn sie bei der Geburt dabei sind. Solche Bedenken sind normal – denn eine Geburt ist zweifellos eine Ausnahmesituation. Die Mythen über die im Angesicht des Vaterwerdens schwächelnden Männer halten sich hartnäckig. Uns ist jedoch bis heute von keinem einzigen Fall berichtet worden, bei dem der Vater bei der Geburt seines Kindes tatsächlich »umgekippt« wäre.
Bestimmen Sie selbst, wie weit Sie gehen und sich mit »dem Elementaren« konfrontieren wollen – auch Ihrer Partnerin zuliebe, die jetzt eine ruhige und Zuversicht ausstrahlende Begleitung braucht. Wenn Sie aktiv beteiligt sein wollen, ist es sehr wahrscheinlich, dass Sie Blut und andere Körperflüssigkeiten sehen. Die beste Möglichkeit, sich über die zu erwartenden urmenschlichen Erfahrungen zu informieren, ist hier oft ein Gespräch mit anderen Männern, die diese Erfahrung bereits einmal gemacht haben.

Tipp

Fragen und reden

Sprechen Sie mit Männern aus Ihrem Bekannten- und Freundeskreis oder Ihrer Familie über deren Geburtserlebnisse. Fragen Sie dabei nicht zuerst nach deren Gefühlen beim Anblick von Blut oder der Nachgeburt, sondern einfach nach dem Geburtserlebnis. Eine Nachfrage kommt dann fast immer völlig natürlich und unverfänglich an. Die Erlebnisse und Bilder von der Geburt wirken meist noch sehr lange nach, und wahrscheinlich freut sich Ihr Gesprächspartner über die Gelegenheit zum Austausch.

»Ein Kind ist sichtbar gewordene Liebe.«

NOVALIS | Deutscher Lyriker (1772–1801)

Doch auch während der Geburt können Sie sich noch entscheiden, was Sie sich wie weit zutrauen wollen. Wenn Sie in der Austrittsphase, also dann, wenn Ihr Kind tatsächlich geboren wird, am Kopf Ihrer Partnerin stehen, sitzen oder hocken und dort bleiben, bis Ihr Kind abgenabelt ist, bekommen Sie nicht viel vom Blut bei der Geburt mit. Wenn Ihnen zwischendrin doch einmal flau werden sollte, ist das in der ungewohnten, anstrengenden Situation normal und keine Schande.

Nach der Geburt wird Ihre Partnerin noch einige Tage aus der Scheide bluten (siehe Seite 96), insbesondere in den ersten Stunden nach der Geburt. Gerade nach einer ambulanten oder außerklinischen Geburt können Sie dann noch einmal mit Blut konfrontiert werden, zum Beispiel weil Ihre Partnerin vielleicht Ihre Hilfe beim Wechseln der Vorlage braucht.

Einige Männer haben Probleme mit lauten Schmerzensäußerungen, Stöhnen und Schreien bei der Geburt. In einem guten Geburtsvorbereitungskurs (siehe Seite 36) erfahren Sie, wie wichtig es für Frau und Baby ist, die Wehen nicht stumm und mit zusammengebissenen Zähnen zu ertragen. Ihre Partnerin hilft dem Baby viel besser, durch den Geburtskanal zu kommen, wenn sie ihre Muskulatur nicht verkrampfen muss, indem sie die Lippen zusammenpresst und versucht, leise zu sein. Wenn Sie mit Ihrer Partnerin mitatmen und vielleicht sogar die tiefe Tonlage (»aaaah!«) vorgeben, fällt es ihr leichter, loszulassen, und Ihnen selbst, mit der Lautstärke klarzukommen.

Wissen, wo die **eigenen Grenzen** liegen

Wenn Sie noch unsicher sind, ob und wie weit Sie bei der Geburt dabei sein und Ihre Partnerin unterstützen können, überlegen Sie nochmals:

- Welche Erwartungen und Befürchtungen haben Sie?
- Was möchten Sie sehen? Was möchten Sie nicht sehen?
- Wäre es eine Möglichkeit für Sie, zur Geburt mitzugehen – aber mit Ihrer Partnerin zu vereinbaren, dass Sie »aussteigen« können, wenn Sie an Ihre Grenzen kommen?
- Wie stehen Sie und Ihre Partnerin dazu, zu Ihrer beider Unterstützung eine weitere vertraute Person mit zur Geburt zu nehmen?

Auch wenn Sie bei der Geburt dabei sind, müssen Sie nicht direkt dabei zusehen, wie Ihr Kind das Licht der Welt erblickt. Wenn Sie am Kopf Ihrer Partnerin sitzen, sind Sie »auf gleicher Höhe« mit ihr, können ihr von da aus Mut machen und den Rest dem Geburtshilfeteam überlassen. Wenn Sie nach allem Abwägen meinen, dass Sie nicht dabei sein können oder wollen: Auch das ist in Ordnung! Aber sprechen Sie mit Ihrer Partnerin rechtzeitig darüber. Am besten mindestens vier bis acht Wochen vor dem errechneten Geburtstermin. Dann hat sie noch genügend Zeit, sich eine andere Begleitung für die Geburt zu suchen.

WAS SIE VOR DER GEBURT KLÄREN SOLLTEN

Sie werden Ihre Partnerin bei der Geburt in einer körperlichen und psychischen Extremsituation sehen und begleiten. Die Geburt ist eine Ausnahmesituation, in der sie starke Schmerzen haben wird. So haben Sie Ihre Partnerin noch nicht erlebt – und Sie sollten sie dabei so gut es geht unterstützen. Klären Sie deshalb rechtzeitig im Geburtsvorbereitungskurs (siehe ab Seite 36) und im Gespräch mit Ihrer Partnerin, wie Sie Ihre Rolle sehen und welche Aufgaben Sie während der Geburt übernehmen können und wollen. Dann werden Sie auch wissen, wie Sie ihr Mut machen können, und ihr helfen, gemeinsam mit Ihnen die Geburtssituation so anzunehmen, wie sie ist – auch wenn Sie beide es sich vielleicht vorher ganz anders vorgestellt haben.

Ob Sie sich nun für ein gemeinsames Geburtserlebnis entschieden haben, noch unsicher sind, was Sie wollen, oder schon wissen, dass Sie am »Tag X« nicht dabeibleiben werden: Lesen Sie weiter und bereiten Sie sich gut auf die Ankunft Ihres Kindes und auf alles andere rund um die Geburt vor.

Gerade mal vier Prozent aller Kinder werden genau am errechneten Termin geboren! Die meisten kommen in einem Zeitraum von etwa 14 Tagen davor bis 14 Tage danach zur Welt. Alles innerhalb dieses Zeitraums gilt als normal. Viele Arbeitgeber gewähren »ihren« werdenden Vätern daher eine flexible Urlaubsregelung rund um die Geburt.

Checkliste

Geburts-Checkliste für Väter

- Klären Sie gemeinsam, wo Ihr Kind zur Welt kommen soll. Besuchen Sie Kreißsaalführungen und Infoabende in Geburtshäusern. Sprechen Sie mit Hausgeburts- beziehungsweise Beleghebammen (ab Seite 31).
- Suchen Sie sich spätestens drei Monate vor der Geburt eine Hebamme für die Vorsorge, die Geburt und/oder die Nachsorge – je nachdem, welche Hebammenleistungen Sie in Anspruch nehmen wollen und wo Ihr Kind zur Welt kommen soll (siehe ab Seite 29).
- Informieren Sie sich optimal! Besuchen Sie möglichst mit Ihrer Partnerin einen Geburtsvorbereitungskurs für Paare (ab Seite 36).
- Behalten Sie Ihre Wünsche, Erwartungen und Befürchtungen nicht für sich. Reden Sie mit Menschen, die Geburten erlebt haben. Über Ängste sprechen baut Ängste ab (ab Seite 38).
- Packen Sie rechtzeitig den Klinikkoffer (siehe Seite 62).
- Lernen Sie gegebenenfalls den Weg von zu Hause zur Klinik/zum Geburtshaus auswendig. Wer fährt Sie, wenn Sie zu nervös sind?

Checkliste

Der Klinikkoffer: Helfen Sie beim Packen!

Auch wenn Sie zur Geburt nicht in eine Klinik möchten, sollten Sie und Ihre Partnerin für alle Fälle gerüstet sein. Wenn bei der Geburt Komplikationen auftreten und sie in ein Krankenhaus verlegt werden muss, dann ist fast immer Eile angesagt. Halten Sie unabhängig vom geplanten Geburtsort ab drei Wochen vor dem Geburtstermin den Klinikkoffer bereit!

... für die Geburtsklinik/-station

- Krankenkassenkarte
- Mutterpass
- Geburtsurkunden der Eltern
- Bademantel
- Nachthemd/weites langes T-Shirt, ideal: vorn aufzuknöpfen zum Stillen
- warme Socken
- bequeme Hausschuhe
- Waschzeug, Zahnbürste, Lippenpflege etc.
- Duftöl, Igel-Massageball, Lieblingsmusik auf MP3-Player, Lektüre, Karten- oder anderes kleines Spiel
- Bonbons, Kaugummis
- Lieblingstee (Teebeutel)
- eine Kleinigkeit zur Stärkung (Kekse, Müsliriegel etc.) auch für Sie als Begleiter
- Kamera für die ersten Babyfotos
- Mobiltelefon für die ersten Anrufe und (Bild-)Nachrichten

... für die Wochenbettstation

- 2 bis 3 Schlafanzüge, Nachthemden oder Leggins plus T-Shirts
- weite, bequeme Unterhosen
- Bustier oder Still-BH
- kleine Handtücher, Waschlappen
- Schreibutensilien, um die Eindrücke festzuhalten
- Ohrstöpsel (für den Fall, dass es bei den Zimmernachbarinnen und deren Babys »rundgeht«)

... spätestens für den Heimweg mit Baby (bei ambulanten Geburten gleich mitnehmen, bei stationärem Aufenthalt später dran denken!)

- Body/Hemdchen, Strumpfhose, Erstlingsmützchen und Söckchen
- Strampelanzug, Pullover und Überkleidung für draußen (z. B. Overall)
- Babyschale fürs Auto
- warme Babydecke

ES GEHT LOS:
SO VERLÄUFT DIE GEBURT

Das sicherste Zeichen dafür, dass die Geburt beginnt, ist das Einsetzen von regelmäßigen stärker und häufiger werdenden Wehen. Sehr viele Frauen nehmen dabei ein deutlich spürbares Ziehen im Unterbauch und/oder im Rücken wahr. So können auch plötzliche Rückenschmerzen rund um den Geburtstermin das »Startsignal« sein.

Ein weiteres Zeichen für den Geburtsbeginn ist das Platzen der Fruchtblase – auch ohne vorherige Wehentätigkeit. Beim »Blasensprung« kann das Fruchtwasser sowohl tropfenweise als auch in einem Schwall abfließen. Rufen Sie bei abgehendem Fruchtwasser im Kreißsaal oder bei der geburtsbegleitenden Hebamme an und fragen Sie, wie Sie sich weiter verhalten sollen.

Bei manchen Frauen ist auch das Lösen des Schleimpfropfs am Gebärmuttermund ein Zeichen für den Geburtsbeginn. Dieser Pfropf, der den Muttermund dicht abschließt, kann sich jedoch auch schon einige Zeit vor der Geburt lösen, ohne dass Wehen einsetzen und ohne dass die Schwangerschaft dadurch beeinträchtigt wird. Dass sich der Pfropf gelöst hat, merken Frauen meist daran, dass sie plötzlich eine größere Menge blutigen Schleims im Slip oder in der Toilette vorfinden.

Wenn die Wehen seit einer halben Stunde regelmäßig alle fünf bis sieben Minuten kommen und Ihre Partnerin beginnt, sie als unangenehm zu empfinden, ist es Zeit für den Aufbruch. Wenn Sie zur Geburt in eine Klinik oder ein Geburtshaus fahren, greifen Sie sich den bereit stehenden Klinikkoffer, setzen Sie sich ins Auto – oder, noch besser, ins Taxi – und fahren los. Wenn Ihr Kind zu Hause auf die Welt kommen soll, rufen Sie Ihre Hebamme an. Sie wird Sie nach der Intensität und den Abständen der Wehen befragen und sich dann auf den Weg zu Ihnen machen.

Die Geburt – ein Erlebnis in **fünf Phasen**

1 DIE ERÖFFNUNGSPHASE

In dieser Phase muss sich der Gebärmuttermund auf etwa zehn Zentimeter weiten, um dem Kopf Ihres Kindes ausreichend Platz zu bieten. Das kann zwischen einer und zehn oder auch noch mehr Stunden dauern. Die Eröffnung wird von Wehen begleitet, die allmählich stärker werden. Helfen Sie Ihrer Partnerin so gut Sie können, mit den Wehen zu atmen.

2 DIE ÜBERGANGSPHASE

In der Übergangsphase, die meist nur einige Minuten dauert (manchmal länger), ist der Gebärmuttermund noch nicht vollständig geöffnet. Ihre Partnerin kann aber schon einen Pressdrang spüren. Den muss sie jetzt aber noch unterdrücken, bis der Muttermund wirklich vollständig eröffnet ist. Wie sie dabei richtig hechelt oder prustet, hat sie im Geburtsvorbereitungskurs gelernt, und Sie können sie daran erinnern. Einige Frauen haben in dieser Geburtsphase das Gefühl »Ich kann nicht mehr! Es reicht! Ich gehe jetzt!«. Deshalb wird die Phase auch »Verzweiflungsphase« genannt. Hier sind Sie besonders gefragt, um Ihre Partnerin zu beruhigen, ihr Mut zu machen und sie beim richtigen Gegenatmen zu unterstützen.

3 DIE AUSTRITTS- ODER PRESSPHASE

Ist der Muttermund genug geweitet, wird Ihr Kind mit den Wehen durch den Geburtskanal geschoben. Der Pressdrang ist dabei groß. Ihre Partnerin sollte ihm jetzt nachgeben und aktiv mitschieben. Die Hebamme gibt ihr die richtige Anleitung dafür.
Richtiges Atmen, lautes Stöhnen und Schreien verstärken die Kraft Ihrer Partnerin. Sie sind kein Zeichen von Schwäche, sondern im Gegenteil ein Ausdruck der ungeheuren Energie, mit der sie Ihrem Kind auf die Welt hilft. Für viele Frauen ist eine aufrechte, hockende

oder auch auf einem Gebärhocker sitzende Stellung angenehm für die Geburtsphase – ermuntern Sie Ihre Partnerin, mehrere Positionen auszuprobieren. Sicher haben Sie während der Geburtsvorbereitung schon verschiedene Positionen durchgespielt und mögliche Hilfsmittel in Augenschein genommen oder ausprobiert. Jetzt können Sie Ihr Wissen mit Ihrer Partnerin in der Praxis nutzen.

4 IHR KIND IST DA!

Ihr Baby sollte mit einem angewärmten Handtuch empfangen werden. Lassen Sie das Neugeborene dann Ihrer Partnerin – oder sich selbst – gleich auf den nackten Oberkörper legen. Berühren und streicheln Sie Ihr Kind. Genießen Sie diese ersten Minuten mit ihm möglichst ungestört. Wenn keine medizinischen Gründe dagegensprechen, verschaffen Sie sich und Ihrer neuen Familie eine Weile Ruhe.
Möglicherweise macht Ihr Baby schon nach einigen Minuten Schmatzbewegungen mit seinem Mund. Das ist die Gelegenheit für Ihre Partnerin, es zum Stillen anzulegen. Bitten Sie die Hebamme, ihr beim ersten Mal zu helfen und dabeizubleiben. Wenn Sie aufmerksam zuschauen, lernen Sie gleich etwas für die Stillunterstützung zu Hause.

5 DIE NACHGEBURTSPHASE

Auch wenn Ihre Partnerin und Sie Ihr Kind bereits in den Armen halten, ist die Geburt noch nicht ganz beendet. Gratuliert wird Ihnen in der Regel erst dann, wenn auch die Nachgeburt, also die Plazenta, die Nabelschnur und die Eihäute, vollständig geboren ist. Das geschieht in der Nachgeburtsphase, meist 5 bis 20 Minuten nach der Geburt.
Bei der Ablösung der Plazenta hilft das Stillen, da durch das Saugen an der Brust das Stillhormon Oxytozin gebildet wird. Es unterstützt die Gebärmutter dabei, sich zusammenzuziehen, und sorgt so mit für die Nachwehen. Oft helfen Hebammen der Plazenta etwas nach, indem sie leicht auf den Unterbauch drücken. Ist die Plazenta geboren, begutachtet die Hebamme, ob sie vollständig ist.

IHRE ROLLE
BEI DER GEBURT

Wenn Sie Ihre Partnerin bei der Geburt begleiten, ist es das Wichtigste, einfach bei ihr zu sein, und das schätzen die meisten Gebärenden mehr als alles andere. Viele Frauen berichten nach der Geburt, dass ihr Partner für sie der wichtigste Helfer war – wichtiger als Hebamme und Arzt! Durch Ihre Anwesenheit unterstützen Sie Ihre Partnerin vor allem seelisch und geben ihr damit noch mehr Kraft für die Geburt. Jede Geburt ist anders. Je nachdem, was Ihre Partnerin dabei von Ihnen braucht, liegen Ihre Aufgaben irgendwo …

Zwischen **Coach** und **Vermittler**

Vielleicht werden Sie während der Geburt ungeduldig und unzufrieden, weil Sie meinen, gar nicht aktiv werden zu können.
Doch, Sie können! Sie können Ihrer Partnerin die Geburt nicht abnehmen – sollen Sie auch nicht. Aber Sie dürfen sie anfeuern (vielleicht nicht ganz so laut wie Ihre Lieblingsmannschaft im Fußballstadion). Sie können ihr Mut zusprechen und ihr sagen, dass sie mit jeder Wehe ihrem Kind näher kommt. All das ist sehr, sehr wichtig!
Es ist außerdem möglich, dass Ihre Partnerin irgendwann nicht mehr kann. In dieser Situation können Sie die Rolle des Vermittlers zwischen ihr und der Hebamme und den Ärzten einnehmen.
Vor allem während der Wehen ist Ihre Partnerin mit der Geburtsarbeit beschäftigt. Sie kennen sie am besten, Sie wissen, was sie jetzt braucht, was ihr hilft – und können so für die Hebamme ein »Übersetzer« sein. Umgekehrt können Sie Vorschläge und Anweisungen der Hebamme für Ihre Partnerin wiederholen und verstärken. Sie vermitteln ihr dadurch noch mehr Klarheit und Sicherheit und erleichtern so den Geburtsprozess.

Eine Geburt – selbst die zweite oder dritte – ist meist ganz anders, als man denkt. Daher geht es nicht darum, ein vorher abgesprochenes oder eingeübtes Programm von Gebärpositionen »abzuspulen«. Fragen Sie Ihre Partnerin in der konkreten Situation, was sie braucht, was ihr hilft, machen Sie ihr Vorschläge. Manche werdende Väter werden bei der Geburt ungeduldig. Es ist aber besser, sich Fragen an das Geburtshilfeteam nach der weiteren Dauer der Geburt zu verkneifen, um die Partnerin nicht zusätzlich unter Stress zu setzen.

So **unterstützen** Sie Ihre **Partnerin**

Die Geburt ist Schwerstarbeit für Ihre Partnerin. Sie wird Ihre Hilfeleistungen schätzen, wenn sie zu ihren jeweiligen Bedürfnissen passen. Sie können ihre Unannehmlichkeiten verringern, indem Sie …

- Ihre Partnerin nach Kräften loben: »Ja, gut machst du das! Wow, hast du eine Kraft! Klasse!«
- ihre Hände halten (am besten ohne Ringe und mit kurzen Nägeln, beide können beim Zudrücken unter den Wehen tatsächlich wehtun!).

»Nach der Geburt unserer Tochter bin ich oft gefragt worden: ›Warst Du bei der Geburt dabei?‹ Ich habe dann immer ›ja‹ gesagt und ergänzt: ›Und auch bei den Wehen!‹«

MICHAEL, 28 | Vater eines Kindes

- sie an Übungen aus dem Geburtsvorbereitungskurs erinnern, zum Beispiel die Wehen zu veratmen.
- sie halten und stützen, indem Sie ihr unter den Wehen beim Stehen helfen oder sich auf einem Bett hinter sie setzen.
- in den Wehenpausen ihr Kreuzbein sanft drücken oder massieren, wenn ihr das angenehm ist.
- auf andere Weise durch Halten oder Gegendrücken als »Krafttrainer« assistieren.
- ihr den Schweiß abtupfen oder die Stirn kühlen.
- ihr in Wehenpausen ein Stückchen Obst reichen, etwa eine halbe Banane, ein paar Weintrauben oder einige Stücke Nektarine.
- ihr etwas zu trinken anbieten.
- nachspüren, Ihrer Intuition vertrauen, Vorschläge machen und fragen, was ihr gut tun würde.

»Ich wollte meiner Frau helfen, so gut es geht. Ich war eine Art Bindeglied zwischen dem medizinischen Personal und ihr. Diese Rolle war für mich wichtig, um das Gefühl zu haben, etwas zur Geburt beizutragen.«

KLAUS, 30 | Vater eines Kindes

NEHMEN SIE'S NICHT PERSÖNLICH

Ihre Anwesenheit und Unterstützung gibt Ihrer Partnerin noch mehr Kraft für die Geburt. Damit sorgen Sie dafür, die Strapazen der Geburt erträglicher zu machen. Erwarten Sie aber nicht, dass sich Ihre Partnerin im selben Augenblick, in dem Sie ihr helfen, überschwänglich bei Ihnen bedankt. Sie ist jetzt mit anderem beschäftigt, ist stark belastet, emotional und körperlich. Sie wird es später nachholen. Wenn sie bei der Geburt auf Ihre Hilfsangebote nicht so reagiert, wie Sie es sich wünschen: Auch wenn Sie verletzt sein sollten, lassen Sie es sich nicht anmerken. Fragen Sie weiter, was sie stattdessen möchte.
Die Geburt ist eine Ausnahmesituation für Sie beide. Und auch wenn Sie normalerweise einen freundlichen Umgangston miteinander pflegen, kann es sein, dass Ihre Partnerin Sie (oder auch das Klinikpersonal) während der Geburt »anschnauzt«. (Hebammen berichten, dass dies sogar recht häufig vorkommt.) Nehmen Sie das nicht persönlich.

Erfahrungsbericht

Paul, 32, ein Kind

Im Krankenhaus konnte ich sehr gut helfen! Es war noch nicht ganz so weit, als wir in der Klinik ankamen. Auf Anraten der Hebamme habe ich mit Nicole noch einen schönen Spaziergang gemacht, eine halbe Stunde, in der stürmischen Herbstnacht. Bei der Geburt habe ich Nicole dann gestützt – sie konnte sich an mir festhalten. In der anstrengenden Presspahse, in der es zur Sache ging, hat Nicole ihre Hände gegen meine Unterarme gedrückt und geschoben. Das war Krafttraining – für mich jedenfalls. Später hat Nicole zu mir gesagt: Toll, dass du da warst und das gemacht hast! Als Toni, unsere Tochter, draußen war, lagen wir Seite an Seite auf dem Bett und haben unser Kind angeschaut, das auf Nicoles Bauch lag. Toni hat auch gleich die Augen aufgemacht und uns angeguckt – und leise geseufzt. War das schön!

HILFEN BEI DER GEBURT: TECHNIK, MEDIKAMENTE & CO.

Manche werdende Väter haben zwiespältige Gefühle angesichts der Technik, mit der Kreißsäle heute ausgestattet sind: Einerseits gibt es ihnen Sicherheit, zu wissen, dass für Kontrolle und Notfall alles bereitsteht. Andererseits erschrecken manche vor den blinkenden und piepsenden Apparaten und bekommen Angst vor möglichen Komplikationen. Damit Sie wissen, welche Geräte (je nach Geburtsort gut sichtbar aufgestellt oder auch im Schrank versteckt) Ihnen im Kreißsaal Gesellschaft leisten können, hier ein kurzer Überblick:

Technische (Geburts-)Helfer

→ **Der CTG/Cardiotokograph**, der Herzton- und Wehenschreiber, steht auch in fast jedem Geburtshaus. Manche Hausgeburtshebammen verfügen über ein mobiles Gerät. Es kann die notwendigen Informationen über die Herzfrequenz und damit die Sauerstoffversorgung des Kindes liefern. Es wird meist – und im besten Fall – nicht permanent, sondern nur ab und zu zur Kontrolle eingesetzt. Das CTG hat für viele Männer eine besondere Faszination, da es die Wehen sichtbar macht.

→ **Das Blutgasanalysegerät** liefert die nächsten Befunde, wenn das CTG-Signal vom üblichen Toleranzbereich abweicht. Es kann den pH-Wert des kindlichen Blutes ermitteln. Sollte dies nötig sein, wird dem Kind während der Geburt durch die Scheide der Mutter vorsichtig in die Kopfhaut gepiekt und ein Tropfen Blut entnommen. Auf diese Weise kann besser darüber entschieden werden, ob medizinisch in die Geburt eingegriffen werden muss oder nicht. Ob und wie häufig diese Geräte eingesetzt werden, darüber entscheiden Ärzte und Hebammen der Situation entsprechend und ihrer Erfahrung folgend unterschiedlich.

- **Mit dem Infusomat** wird die Geschwindigkeit und Dosierung einer Infusion gesteuert. Bei Wehenschwäche können wehenfördernde, bei zu starken Wehen wehenhemmende Medikamente gegeben werden. Ob, wann und wie viel, ist ebenfalls eine Frage der jeweiligen Herangehensweise des Geburtshilfeteams.
- **Mit dem Blutdruckmessgerät** wird der Blutdruck der Gebärenden überwacht. Auch diese Messungen geschehen mehr oder weniger häufig, je nach Befindlichkeit der werdenden Mutter und der Erfahrung und Einstellung von Hebammen und Ärzten. Falls der Blutdruck plötzlich steigt, kann mit Medikamenten gegengesteuert werden.

Schmerzen **lindern**

Viele Ärzte und Hebammen sind der Ansicht, dass bei unkomplizierten Geburtsverläufen auf schmerzstillende Mittel verzichtet werden kann (und sollte, siehe Seite 73): Eine gut vorbereitete Frau in guter körperlicher und seelischer Verfassung benötigt meist keine solchen Hilfsmittel. Wenn die Geburt sich jedoch lange hinzieht und die Frau müde und schwach wird, können sie hingegen sinnvoll sein.

»Die meisten Geräte im Kreißsaal kannte ich nicht, **bis auf den Wehenschreiber.** Ich dachte: Wenn wirklich was schiefgehen sollte, dann sind sie eine Hilfe!«

OLAF, 38 | Vater von zwei Kindern

Tipp

Mögliche **Maßnahmen** bei **Schmerzen**

Beschäftigen Sie sich – rechtzeitig vor der Geburt – gemeinsam mit Ihrer Partnerin mit Möglichkeiten der Schmerzlinderung. Die realen Bedingungen der Geburt können allerdings andere Entscheidungen notwendig machen.
Die Möglichkeiten der Schmerzerleichterung lassen sich in vier Bereiche einteilen: eigene Aktivität, eine entspannte und vertrauensvolle Atmosphäre, Unterstützung durch »alternative Medizin« und schließlich schmerzlindernde Medikamente.

Eigene Aktivität:

- Entspannungs- oder Atemübungen
- Bewegung
- Wärme (z. B. Wärmflasche)
- ein Bad in der warmen Wanne
- Massage

Alternative Medizin:

- Aromatherapie
- Kräutertee
- Bachblüten
- Damm-Massage
- Akupunktur
- Homöopathie

Erleichterung durch entspannte Atmosphäre:

- Ruhe, gedämpftes Licht
- Anwesenheit einer vertrauten Person
- Vertrauen in die Gebärfähigkeit der Frau
- aufmerksames und sicheres Begleiten und Anleiten durch die Hebamme
- Vermeiden von Störung durch wechselndes Personal

Medikamente:

- krampflösende Mittel
- Beruhigungsmittel (mögliche Nachteile: Schläfrigkeit des Kindes nach der Geburt und damit verbundene Stillprobleme)
- Schmerzmittel (mögliche Nachteile: können den Kreislauf der Mutter beeinträchtigen und das Kind schläfrig machen)
- Periduralanästhesie (PDA)

PDA – PRO UND KONTRA

Die PDA (Periduralanästhesie) wird bei etwa der Hälfte aller Klinikgeburten eingesetzt, meist geschieht das auf Wunsch der Frauen. Ärzte in der Geburtshilfe sehen in der PDA vor allem bei komplizierten und langen Geburtsverläufen einen Segen für die Gebärenden.

Was spricht für diese Methode der Schmerzlinderung, was dagegen?

Ein großer Vorteil der PDA ist, dass die Frau bei Bewusstsein bleibt. Sie bleibt klar im Kopf, anders als bei vielen anderen Schmerzmitteln. Im Notfall kann die Dosierung der PDA auch so verstärkt werden, dass bei vollem Bewusstsein der Frau schmerzfrei ein Kaiserschnitt durchgeführt werden kann.

Ein Nachteil der PDA ist der Verlust des Gefühls für die eigene körperliche und seelische Leistung bei der Geburt. Ist die Anästhesie hoch dosiert, spürt die Frau die Geburtswehen kaum. Sie merkt oft nicht mehr, wann sie ihrem Kind durch Schieben und Pressen auf die Welt helfen muss. Viele Frauen beschreiben das Geburtserlebnis mit PDA daher als weniger intensiv, auch in der Erinnerung.

Gelegentlich treten als Nebenwirkung der PDA starke und lang anhaltende Kopfschmerzen auf. Andere Nebenwirkungen sind nach ärztlicher Erfahrung seltener.

Werdende Väter haben nach unserer Erfahrung sehr unterschiedliche Meinungen, was die PDA betrifft:

- Die einen raten ihren Frauen zu, weil sie es nicht ertragen können, sie leidend zu erleben.
- Die anderen raten ihnen ab, weil sie sich eine »natürliche« Geburt wünschen oder bedauern, einen Teil ihrer Begleiterrolle zu verlieren.

Ein pauschales Urteil, ob die PDA »richtig« oder »falsch« ist, gibt es also nicht. Wägen Sie das Für und Wider in Ruhe gemeinsam ab, aber legen Sie sich vorab nicht dogmatisch fest. Hebammen und Ärztinnen entscheiden in der konkreten Situation nach Absprache mit Ihrer Partnerin und Ihnen, ob und wenn ja welche Schmerzmittel zum Einsatz kommen sollen.

Erfahrungsbericht

Klaus, 30, ein Kind

Wehen? Fehlanzeige! Am zehnten Tag nach dem errechneten Geburtstermin wurden wir vom Arzt in die Geburtsklinik beordert. Erst bekam Sandra Prostaglandin-Gel. Nichts passierte. Nach vierzehn Stunden in der Klinik war Sandra todmüde. Nun wurde die Geburt per Infusion mit wehenfördernden Mitteln eingeleitet. So sehr wir die Wehen herbeigesehnt hatten, so sehr trafen sie meine Frau jetzt mit voller Wucht: Sie bekam extreme Schmerzen, und ich machte mir große Sorgen! Sandra bat um die PDA, doch die Hebamme schlug vor, es zunächst mit einer Spritze zur Schmerzlinderung zu versuchen. Die wirkte nicht, und nun bekam Sandra ihre PDA. Mich schickte man nach draußen. Wenn ich ehrlich bin, war ich etwas erleichtert darüber. Als ich zurückkam, war meine Frau wie ausgewechselt: Sie begrüßte mich strahlend und mit neuem Mut. Ich glaube, in dieser Situation war die PDA Gold wert.

MIT SCHMERZEN UND ÄNGSTEN UMGEHEN

Der deutlich steigende Einsatz der PDA und anderer Schmerzmittel legt nahe, dass die Angst vor Schmerzen zunimmt. Es ist normal, dass werdende Väter und Mütter sich während der Schwangerschaft und vor der Geburt Sorgen um die Gesundheit ihres Kindes machen. Dabei dienen alle vorgeburtlichen Vorsorgemaßnahmen und Untersuchungen grundsätzlich dazu, das Kind im Mutterleib zu schützen, eventuelle Fehlentwicklungen zu erkennen und behandeln zu können.

Bei vielen werdenden Vätern und Müttern lösen Vorsorgeuntersuchungen und Pränataldiagnostik jedoch auch Ängste aus: Rund um Schwangerschaft und Geburt scheinen jede Menge Risiken und Gefahren zu lauern. Die Eltern sorgen sich, dass es dem Kind nicht gut gehen könnte, dass Anomalien, Krankheiten oder Missbildungen drohen oder die Schwangerschaft für Mutter und Kind gefahrvoll verlaufen könnte.

Viele Hebammen und geburtshelfende Ärzte meinen, dass das auch dazu führt, dass werdende Mütter und Väter sich immer weniger auf ihre Intuition und das eigene Gefühl verlassen. Das Selbstvertrauen in Sachen Schwangerschaft und Geburt geht stark zurück – obwohl Frauen seit Bestehen der Menschheit Kinder bekommen und das noch nie so gefahren- und komplikationsarm war wie heute.

Auf der anderen Seite erleben wir heute kaum noch Geburten in unserem privaten Umfeld mit. Der ganz normale Schritt ins Leben ist uns also immer weniger vertraut und damit beängstigender. Eine gute Hilfe gegen diese Unsicherheit ist der Austausch mit geburtserfahrenen Eltern. Gerade wenn Sie sich nicht sicher sind, ob und wenn ja welche zusätzlichen Untersuchungen gemacht werden sollen, wenden Sie sich an eine der im Anhang aufgeführten Informations- und Beratungsstellen (siehe Seite 173). Eigens geschulte Beraterinnen und Berater können Ihnen hier ergänzend zu Ärzten und Hebammen bei Fragen rund um Vorsorge und Pränataldiagnostik helfen.

Tipp

Nutzen Sie die **Erfahrungen anderer!**

Mehr Selbstvertrauen rund um Schwangerschaft und Geburt können Sie bekommen, indem Sie mit erfahrenen Eltern oder auch mit den eigenen Eltern und Schwiegereltern über das Thema sprechen. Fragen Sie nach, wie Mütter und Väter in Ihrem Umfeld mit den Schmerzen umgegangen sind.

Die Weitergabe von Wissen und persönlichen Erfahrungen von Generation zu Generation ist wichtig – nutzen Sie diesen Schatz!

Sprechen Sie mit Ihrer Partnerin über ihren Umgang mit Schmerzen. Tabuisieren Sie das Thema nicht. Informationen über mögliche Komplikationen und Schmerzen und den Umgang mit ihnen können helfen, Ängste abzubauen.

KAISERSCHNITT – UND IHRE ROLLE ALS VATER

Etwa ein Drittel aller Kinder in Deutschland kommen durch einen Kaiserschnitt zur Welt. In den letzten 20 Jahren ist dieser Wert beständig angestiegen. Ein Kaiserschnitt kann in Notsituationen das Leben von Mutter oder Kind retten. Ohne triftigen medizinischen Grund sollte er jedoch nicht angewendet werden, da die Risiken für die Mutter deutlich höher sind als bei einer vaginalen Geburt. Grundsätzlich wird zwischen primärem und sekundärem Kaiserschnitt unterschieden.

Primärer Kaiserschnitt

Die wichtigsten medizinischen Gründe für den primären, also einen geplanten Kaiserschnitt (»elektive Sectio«) sind:

- Die Lage des Kindes im Mutterleib erschwert eine normale Geburt deutlich (Quer- oder Schräglage; Beckenendlage bei zu schmalem Becken der Mutter).
- Die Plazenta liegt vor dem Muttermund (»placenta praevia«).
- Die Mutter hatte vorher bereits einen oder mehrere Kaiserschnitte.
- Es kommen Drillinge oder noch mehr Kinder zur Welt.

Der wichtigste nichtmedizinische Grund für einen Kaiserschnitt ist der Wunsch der Mutter. Auslöser für den »Wunschkaiserschnitt« ist häufig eine diffuse Angst vor einer normalen Geburt. Dazu gehört die Sorge, dass durch eine Entbindung das Becken zu stark belastet wird oder dass die Vagina beschädigt, »entwertet« oder zu sehr geweitet werden könnte. Aus medizinischer Sicht rechtfertigen diese Ängste oder Einstellungen einen Kaiserschnitt nicht. Andererseits wollen viele Ärzte und Kliniken sich den Wünschen werdender Eltern nicht entgegenstellen. Stichwort Patientenautonomie: Soweit es verantwortbar ist, soll die Patientin entscheiden können, wie sie behandelt werden möchte. Oft befürchten Kliniken auch, rechtlich belangt zu werden, wenn bei einer normalen Geburt unvorhergesehene Komplikationen auftreten. Die Bereitschaft, auch kleinere Risiken einzugehen, ist daher eher gering und die Tendenz zum Kaiserschnitt relativ hoch.

Ihre Partnerin und Sie sollten bedenken, dass es sich beim Kaiserschnitt um eine Operation mit all ihren Risiken handelt. Es werden sieben Haut-, Fett-, Muskel- und sonstige Gewebsschichten durchtrennt und anschließend wieder zusammengenäht. Dies ist eine richtige Operation, auch wenn die Schnitte immer kleiner werden oder beim sogenannten sanften Kaiserschnitt nicht mehr nur geschnitten, sondern auch gerissen wird, weil dann das Gewebe schneller verheilt. Letztlich muss auch hier eine Öffnung von 10 bis 12 Zentimetern erreicht werden.

Bei beziehungsweise nach einem Kaiserschnitt besteht ein deutlich höheres Komplikationsrisiko als bei einer normalen Geburt! Zudem: Bei einem geplanten Kaiserschnitt erlebt die Mutter keine Wehen. Diese haben jedoch auch die wichtige Bedeutung, Kreislauf, Atmung und Stoffwechsel des Kindes anzuregen. Zudem fördern sie die Ausschüttung des Bindungshormons Prolaktin, des Liebeshormons Oxytozin und der glücklich machenden Endorphine. Ein Fehlen oder eine geringere Ausschüttung dieser Hormone und die Wundschmerzen nach dem Kaiserschnitt können zu Bindungs- und Stillschwierigkeiten führen, was bei der Erwägung eines »Wunschkaiserschnitts« mit bedacht werden sollte.

»Eine Geburt mag gefährlich sein. Aber auch nicht gefährlicher als das folgende Leben.«

ERHARD BLANCK | Deutscher Heilpraktiker

Sekundärer Kaiserschnitt

Der sekundäre, also ungeplante und medizinisch notwendige Kaiserschnitt wird in der Regel durchgeführt, wenn es bei einer normal begonnenen Geburt zu Komplikationen kommt oder wenn vor der eigentlichen Geburt Situationen eintreten, in denen das Kind schnell »geholt« werden muss.

Die beiden häufigsten Gründe für die kurzfristige Entscheidung für einen Kaiserschnitt während eines bereits begonnenen Geburtsvorgangs sind:

- ➔ Der sogenannte Geburtsstillstand. Hier werden die Wehen über einen längeren Zeitraum zu schwach, oder sie hören ganz auf. Die Gebärende ist zu erschöpft, das Baby kommt nicht weiter. Für den Einsatz von Saugglocke oder Geburtszange liegt es jedoch noch zu hoch im Becken, oder der Muttermund ist noch nicht weit genug geöffnet.
- ➔ Der Herzschlag des Kindes verändert sich – gemessen mit dem CTG (siehe Seite 70). Dies legt nahe, dass es nicht ausreichend mit Sauerstoff versorgt wird. Ein Kaiserschnitt kann in einer solchen Situation zwingend notwendig werden. Er kann das einzige Mittel sein, Ihr Kind vor dauerhaften Schäden zu bewahren und sein Leben zu retten.

Ihre Aufgaben beim Kaiserschnitt

Sowohl der geplante als auch der ungeplante Kaiserschnitt kann unter lokaler Betäubung – Peridural- oder Spinalanästhesie, die Betäubung über die das Rückenmark umgebende Flüssigkeit (siehe Seite 73) – oder unter Vollnarkose durchgeführt werden.

In beiden Fällen ist es wichtig, dass Sie dabei sind, genau wie beim normalen Geburtsverlauf – für Ihr Kind, für Ihre Partnerin und natürlich für Sie selbst!

Normalerweise besteht weder aus ärztlicher noch aus klinikorganisatorischer Sicht ein Grund dafür, dass der Vater von der Kaiserschnittgeburt ausgeschlossen wird – egal ob der Kaiserschnitt unter örtlicher Betäubung (PDA) oder unter Vollnarkose stattfindet. Im Gegenteil: Für die Mutter und für das Baby ist die Anwesenheit des Vaters hier sogar besonders wichtig. Gleichwohl werden Väter insbesondere beim Kaiserschnitt unter Vollnarkose oft aufgefordert, den OP-Raum zu verlassen – fragen Sie, warum das nötig sein soll; am besten aber klären Sie bereits vor der Operation, ob Sie dabeibleiben können.

Wird der Kaiserschnitt mit einer PDA durchgeführt, können Sie Ihrer Partnerin die Hand halten, sie beruhigen, indem Sie mit ihr sprechen und so die Situation für sie erleichtern. Keine Angst, Sie müssen nicht mit ansehen, wie der Bauch geöffnet wird. Ab Brusthöhe ist der OP-Bereich mit einem Tuch abgehängt, sodass Sie beide den Kaiserschnitt nicht sehen können. Akustisch werden Sie vom Geschehen aber nicht ausgeschlossen.

Wenn Ihre Partnerin unter Vollnarkose steht, sollten Sie dabeibleiben, um ihr nachher von der Geburt Ihres Kindes berichten zu können und um direkt nach dem Kaiserschnitt Ihr Baby in Empfang zu nehmen. So kommen Sie schneller und stärker in die väterliche Verantwortung: Sie nehmen Ihr Kind allein entgegen und begrüßen es auch stellvertretend für Ihre Partnerin.

Wenn Ihr Baby untersucht ist und nicht medizinisch versorgt werden muss, legen Sie es sich auf Ihren nackten Oberkörper und geben Sie ihm Wärme und Geborgenheit. Nehmen Sie Ihr Kind sobald es geht in den Arm, halten und tragen Sie es, nehmen Sie Kontakt auf. Je mehr Zeit Sie in Ruhe miteinander verbringen können, desto besser – für Sie und Ihr Baby.

Nicht wenigen Frauen geht es nach einer Kaiserschnittgeburt unter Vollnarkose psychisch schlecht. Da sie die Geburt nicht bewusst erlebt haben, fehlt dieses wichtige Erlebnis in ihrem Gedächtnis. So kann das Gefühl entstehen, versagt zu haben. Deshalb ist es so wichtig, dass die Mutter das Ereignis »nachholen« kann – und dafür sind Sie die bedeutsamste Person. Erzählen Sie Ihrer Partnerin ausführlich von der Kaiserschnittgeburt, eventuell auch mehrmals.

WENN PLÖTZLICH ALLES GANZ ANDERS LÄUFT

Manchmal, aber insgesamt selten verläuft eine Geburt völlig anders, als die werdenden Eltern es sich vorgestellt oder gewünscht haben. Meist kündigt sich dies auch längere oder kurze Zeit vorher an. Die folgenden unerwarteten Situationen können eintreten:

- Das Kind kommt viel zu früh.
- Die Geburt dauert lange, sehr lange, und ist sehr schmerzhaft.
- Dem Kind muss mit der Zange oder der Saugglocke auf die Welt geholfen werden.
- Das Leben des Babys ist bei der Geburt bedroht, sei es aufgrund von Sauerstoffmangel oder aus anderen Gründen.
- Ein Kaiserschnitt wird notwendig.

Wenn die Geburt komplizierter verläuft, als sie es erwartet haben, wenn plötzlich ein Kaiserschnitt oder andere Hilfsmittel notwendig werden, um Schaden von Mutter und Kind abzuwenden, bekommen viele werdende Mütter und Väter Angst.

In einer solchen unerwartet schwierigen Situation ist die Kommunikation zwischen Arzt und Hebamme auf der einen Seite und Mutter und Vater auf der anderen Seite besonders wichtig. Reißt sie ab, können Gefühle ohnmächtiger Angst entstehen. Plötzlich ist ein zweiter Arzt im Raum, die Ärzte agieren schnell, reden in unverständlichem Fachjargon, nutzen für Laien zum Teil grob wirkende Hilfstechniken wie Dammschnitte oder das äußere Mitschieben des Kindes in Richtung Beckenausgang. In solchen Situationen bekommen manche werdenden Eltern ein Gefühl, als ginge es um Leben und Tod, obwohl das selten tatsächlich der Fall ist.

Wenn Ihre Partnerin und Sie das Gefühl haben, die Situation nicht mehr zu verstehen oder den Überblick zu verlieren: versuchen Sie, den

Informationsfluss wiederherzustellen. Trauen Sie sich, die Ärztinnen oder Hebammen zu fragen, was gerade passiert und was getan wird. Solche traumatischen Geburtserlebnisse hinterlassen bei vielen Müttern, Vätern und Kindern ihre Spuren. Je nachdem, ob und wie gut diese Erlebnisse verarbeitet beziehungsweise aufgearbeitet werden, können sie zu unterschiedlich schweren und unterschiedlich langen psychischen Krisen führen. Für solche Krisen nach Geburtserlebnissen gibt es leider kein einheitliches professionelles Hilfesystem. Falls Sie betroffen sind, wenden Sie sich am besten noch im Krankenhaus an die Hebammen und Ärzte. Während der Wochenbettphase zu Hause berät Sie die nachsorgende Hebamme. Die Landeshebammenverbände nennen Ihnen darüber hinaus Kolleginnen, die für die Unterstützung in Krisensituationen nach der Geburt besonders fortgebildet sind (Adressen und Buchhinweise siehe ab Seite 172).

Eine krisenhafte Reaktion nach einem traumatischen Geburtserlebnis ist normal. Es ist wichtig und richtig, dass Sie in einer solchen Situation überhaupt reagieren und nicht schockiert »einfrieren«. Viele Männer erzählen, dass sie in einer Krise aggressiv wurden und über ihre Wutausbrüche erschrocken waren. Wenn Psychologen ihnen dann sagten, dass es vielen anderen Männern und auch Frauen ebenso erging, waren die betroffenen Männer oft erleichtert.

In einer Krisensituation – egal ob nach einer schweren Geburt oder nach einem anderen Ereignis – ist es besonders wichtig, sich nicht in sich zurückzuziehen, sondern über das Geschehen und das Erleben zu reden. Viele Männer meinen, dass sie besonders stark sein müssen, wenn es der Partnerin schlecht geht. Sie trauen sich nicht, ihre Trauer, ihre Angst oder ihre Verletzungen zu zeigen. Oft hilft es der Frau aber mehr, wenn sie hört, wie nah auch ihrem Partner das Erlebte geht.

Nicht alle Eltern benötigen in solchen Krisensituationen professionelle therapeutische Hilfe. Aber: Es ist weder ein Zeichen von Schwäche noch eine Niederlage, sich diese Unterstützung zu holen, etwa bei Familienberatungsstellen oder niedergelassenen Psychotherapeuten.

DIE ERSTEN MINUTEN MIT IHREM BABY

Sie haben es geschafft: Ihr Kind liegt auf dem Bauch Ihrer Partnerin – oder auch in Ihrem Arm. Sie haben tausend Gründe, sich jetzt riesig zu freuen, Tränen zu vergießen, einmal tief durchzuatmen, Ihr Herz noch einmal ganz weit aufzumachen und eine herzliche Begrüßung auszusprechen. Jeder tut das auf seine ganz spezielle Art und Weise.

Sanfte Kontaktaufnahme: das **»Bonding«**

Diese ersten Minuten mit Ihrem Kind sind sehr wichtig. Sie begrüßen es, Sie nehmen mit Leib und Seele Kontakt zu ihm auf. Vielleicht sind Sie auch überrascht darüber, wie Ihr Baby jetzt tatsächlich aussieht: Meistens ist ein Neugeborenes etwas schrumpelig und weniger rosig, häufig ist es auch kleiner, als die Eltern es erwartet haben.

Kurz, es entsteht jetzt eine Beziehung zwischen Ihnen und Ihrem wirklichen Kind. Entwicklungspsychologen nennen diese Beziehungs- und Kontaktaufnahme in den ersten Minuten nach der Geburt »Bonding«. Das hat nichts mit James Bond zu tun, sondern bedeutet so viel wie »sich fest verbinden« oder »eine feste Verbindung herstellen«. Hierfür haben Sie alle – Kind, Mutter und Vater – Zeit zu dritt in aller Ruhe verdient. Wenn das Klinikpersonal Sie eine Weile allein lassen kann – sehr gut! Wenn Licht und Geräusche dabei gedämpft sein können – hervorragend!

Das Baby sollte erst nach dieser Phase der Ruhe und des Unter-sich-Seins gewaschen, gewogen und angezogen werden. Sichern Sie sich Ihre Zeit fürs Bonding – Schleim- und Blutreste stören dabei eigentlich nicht. Stellen Sie wenn möglich vor der Geburt sicher, dass Sie nach der Geburt diese ungestörte Zeit zu dritt haben.

Falls Sie diese Möglichkeit nicht haben: Die »Bonding«-Phase ist nicht allein auf die ersten Minuten nach der Geburt beschränkt – auch wenn es ideal wäre, wenn Sie Ihrem Kind bei den ersten Eindrücken, die es von der Welt bekommt, ganz nahe sind. Es kann sein, dass Ihr Baby nicht gleich nach der Geburt bei Ihnen sein kann, etwa weil es medizinisch versorgt werden muss. Es kommt auch vor, dass eine völlig erschöpfte Mutter zur Kontaktaufnahme zum Baby nicht mehr fähig oder bereit ist. Aber Sie, der Vater, sind ja auch da und in dieser Situation besonders wichtig: Sie kümmern sich um Ihr Kind, während Ihre Partnerin sich ein wenig erholen kann.

Wenn Sie nicht gleich nach der Geburt die Möglichkeit zur ruhigen und sanften Kontaktaufnahme zu Ihrem Kind haben, brauchen Sie nicht zu fürchten, dass die Chancen zur Beziehungsaufnahme nun verloren sind. Sie und Ihr Kind werden sich in den nächsten Tagen und Wochen noch viel besser kennenlernen und eine immer schönere und intensivere Beziehung entwickeln. Nehmen Sie sich so viel Zeit wie möglich dafür.

Ihre »Geburt« als **Vater**

Mit der Geburt Ihres Kindes sind Sie vom Mann zum Vater geworden. Jetzt geht es erst richtig los: mit der Verantwortung, mit der Übernahme von Aufgaben und Pflichten – aber auch mit dem Spaß!

Vatersein ist eine enorme Bereicherung des Lebens. Einen kleinen Menschen beim Aufwachsen aktiv begleiten und unterstützen zu können, ihm das Leben und die Welt vermitteln und dabei immer wieder auch »das Kind im Manne« in sich selbst entdecken zu können: Das werden Sie bald nicht mehr missen wollen.

Auch dann, wenn es manchmal ganz schön anstrengend sein wird. Kurz gesagt: Väter haben mehr vom Leben.

DIE ERSTE ZEIT ZU DRITT – EIN SCHÖNER Kraftakt!

Die Geburt Ihres Kindes ist ein ganz besonderes und prägendes Ereignis – freilich ein Ereignis mit lang anhaltender, nachhaltiger Wirkung! Die Umstellungen, die die Geburt eines Kindes mit sich bringt, sind häufig größer als erwartet. In diesem Kapitel geben wir Ihnen Tipps, die Ihnen bei all den Veränderungen im Alltag helfen können, die erste Zeit mit Ihrem Kind zu genießen.

VOM MANN ZUM VATER

Geschafft! Sie drei – Ihr Kind, Ihre Partnerin und Sie – haben eine anspruchsvolle Zeit und ein schwieriges, kräftezehrendes Ereignis hinter sich. Doch jetzt geht es erst richtig los: Sind Schwangerschaft und Geburt überstanden, ist es neben der körperlichen Erholung vor allem wichtig, als Familie zusammenzufinden.

An dieser Stelle sind auch Sie wieder gefragt: Wie geht es Ihnen als frisch gebackener Vater, was verändert sich für Sie, worauf freuen Sie sich – und wobei wird Ihnen vielleicht mulmig?

Dass ein Kind das Leben seiner Eltern radikal auf den Kopf stellt, haben Sie wahrscheinlich schon gehört. Doch was verändert sich wirklich? Viele junge Eltern sagen, dass alles ganz anders ist, als sie es sich vorgestellt haben. Sie fragen sich manchmal, ob sie ihrem Baby genug Gefühle entgegenbringen und ob der Stress der ersten Wochen und Monate wirklich irgendwann nachlassen wird.

Wir wollen Sie deshalb einladen, sich auf die wichtigsten Veränderungen einzustellen, die in Ihrem Leben als Vater so oder so ähnlich eintreten können.

»Ein Kind bewegt das Oberste zuunterst – und rückt gleichzeitig alle Dinge an ihren richtigen Platz.«

ALAIN DELON | Französischer Filmschauspieler

Ein neuer Lebensabschnitt: zwischen **Verantwortung** und **Entbehrungen**

Spätestens mit der Geburt Ihres Kindes beginnt ein neuer Lebensabschnitt für Sie als Mann und für Sie beide als Paar. Sie halten einen kleinen Menschen in den Armen, mit dem Sie Ihr ganzes Leben lang verbunden sein werden. Das bedeutet auf der einen Seite viel Spaß, Freude, Verlässlichkeit und Liebe und auf der anderen Seite einen immensen Zugewinn an Verantwortung und auch die ein oder andere Entbehrung. Nicht umsonst lautet zum Beispiel eine altbekannte Redensart: »Die Kunst der Elternschaft besteht darin, zu schlafen, wenn das Baby nicht hinsieht.«

GLÜCK UND CHANCEN

Es ist eine große Erfüllung, Vater zu sein, wirklich gebraucht zu werden, eine der wichtigsten Personen in der Welt eines kleinen Kindes zu sein und die eigenen Ideale und Wertvorstellungen weitergeben zu können. Meist werden die Belastungen und Entbehrungen, die der neue Lebensabschnitt mit sich bringt, aufgewogen durch das Glück, die Entwicklung eines Menschen begleiten und unterstützen zu können. Realität ist jedoch auch, dass bei jungen Familien im ersten Lebensjahr des Kindes nicht nur eitel Sonnenschein herrscht.

EINE EXTRAPORTION VERANTWORTUNG

Die überwiegende Mehrheit der Paare, Mütter wie Väter, empfindet das erste Jahr mit Kind als anstrengend und belastend. Kein Wunder – ist doch nichts mehr so wie früher. Wie sich ein Baby entwickelt, ist kaum vorhersehbar. So mischen sich bei vielen Eltern nach der Geburt Gefühle von Unsicherheit und Überforderung ins Glück.
Gerade im ersten Lebensjahr entwickelt sich Ihr Kind in rasanten Schritten. Damit gehört die erste Zeit mit Kind oft zu den anstrengendsten im ganzen Leben.

In den ersten Monaten werden Sie …

- viele durchwachte Nächte erleben.
- sich immer mal wieder mit der neuen Situation überfordert fühlen.
- Ihr von Bauchschmerzen gequältes Kind nachts auf dem Arm durch die Wohnung tragen.
- dunkle Ringe um die Augen haben.
- befürchten, Ihr Kind zu grob anzufassen.
- Angst haben, dass es nachts plötzlich aufhört zu atmen.
- sich mehrmals täglich umziehen, weil Ihr Kind Sie mit Erbrochenem »geschmückt« hat, und zwar gerade dann, wenn Sie zu einem wichtigen Termin müssen und eh schon spät dran sind.
- vergessen, wann Sie das letzte Mal mit Ihrer Partnerin Sex hatten.
- sich nicht mehr erinnern, wann Sie zuletzt im Kino waren oder sich mit Ihren Freunden getroffen haben.
- vermutlich auch davon träumen, mal ganz allein und entspannt an einem sonnigen Strand zu liegen …

»Es gibt oft Momente, in denen ich meine Kinder ansehe und sprachlos bin – durch das Glück, ihr Vater sein zu dürfen. Die aufrichtige Liebe, die sie mir entgegenbringen, ist für mich durch nichts in der Welt zu ersetzen!«

WALTER, 36 | Vater von zwei Kindern

ENTBEHRUNGEN

Die Liste der Entbehrungen, denen werdende Väter und Mütter entgegensehen, ließe sich erweitern – und vielleicht sieht Ihre Liste ja auch ganz anders aus. Sie werden in jedem Fall Ihre ganz persönlichen Erfahrungen machen.

Uns ist wichtig, Sie darauf vorzubereiten, dass eine mehr oder weniger ausgeprägte Durststrecke vor Ihnen liegt. Denn sonst tut das vielleicht niemand. Im Geburtsvorbereitungskurs, beim Arzt oder im Freundeskreis wird darüber in der Regel kaum gesprochen. Meist heißt es: »Die erste Zeit mit Kind, die ist ganz wunderbar! Ihr könnt euch immer an eurem Baby freuen! Das Glück einer jungen Familie ist das Schönste, was es geben kann!«, und so weiter. Machen Sie die Gegenprobe. Fragen Sie Väter oder Elternpaare, die das erste Jahr hinter sich haben. Viele werden Ihnen eine andere Geschichte erzählen.

Kurz: Ihre neue Rolle und Verantwortung als Vater werden Sie nicht missen wollen. Aber – sie bringt auch Entbehrungen und neue Herausforderungen mit sich. Anders gesagt: Ihre Bedürfnisse als Partner und Person werden vermutlich eine Weile zu kurz kommen.

Viele Väter und Mütter berichten, dass sie nach einem Jahr »aus dem Gröbsten raus« sind. Die meisten Babys sind abgestillt, wenn sie ein Jahr alt werden. Viele (nicht alle!) Kinder schlafen durch – oder wachen nur noch einmal pro Nacht auf. Für viele Eltern bedeutet das lang ersehnte Erholung!

VOM LIEBESPAAR ZUM ELTERNPAAR

Wenn Paare Eltern werden, steht ihre Paarbeziehung für eine Weile in der Bedürfniskette hinten an.

Damit Sie auch im Familienalltag Ihre Partnerschaft nicht aus dem Blick verlieren, haben wir ab Seite 140 Tipps für Sie zusammengestellt. Denn Kinder wünschen sich nicht nur die Liebe ihrer Eltern. Für sie ist es auch unendlich wichtig, dass diese als Paar glücklich sind und zusammenbleiben.

In den ersten Jahren mit Kind werden Sie und Ihre Partnerin mit großer Wahrscheinlichkeit …

- deutlich weniger Zeit füreinander haben.
- häufig sehr erschöpft sein, wenn Sie einmal Zeit füreinander haben.
- fast nur noch über Ihr Kind reden.
- deutlich weniger Sex miteinander haben.
- lernen müssen, mit veränderten sexuellen Bedürfnissen umzugehen.
- in Ihrer seltenen Zweisamkeit häufig gestört werden.

VERÄNDERUNG DER GENERATIONENFOLGE

Aus Söhnen werden Väter und aus Töchtern Mütter; aus Vätern werden Großväter und aus Müttern Großmütter. Was verändert sich alles, wenn Sie selbst nicht mehr »nur« Kind sind?

Sie rücken in der Generationenfolge einen Platz auf. Sie werden älter, reifer, verantwortlicher und machen sich wahrscheinlich ernsthafte Gedanken darüber, wie Sie Ihre Familie absichern können, falls einem von Ihnen etwas zustößt. Mit dem neu entstandenen Leben rückt für Sie selbst und auch für Ihre Eltern das Ende des eigenen Lebens deutlicher ins Bewusstsein – Sie gehören nicht mehr zu den Jüngsten.

> »Bei der Geburt jedes Kindes wird einem erneut bewusst, dass ab jetzt nichts mehr so sein wird wie zuvor.«

SIR PETER USTINOV | Britischer Schauspieler (1921–2004)

Die Beziehung zu den eigenen Eltern

Wenn Sie Vater werden, ist das eine gute Gelegenheit, Ihre Eltern in einem neuen Licht zu sehen. Waren Sie als Kind oder Jugendlicher manchmal genervt von den Sorgen, die sich Ihre Eltern gemacht haben? Viele Menschen, die Eltern werden, können ihre eigenen Eltern nun viel besser verstehen – selbst wenn zum Beispiel der erste Discobesuch des Sohnes oder der Tochter noch ein bisschen auf sich warten lassen wird. Sich Sorgen zu machen gehört zum Elternsein dazu, auch wenn die Kinder das oft lästig finden. Wenn es Ihnen ähnlich geht – Ihre eigenen Eltern freuen sich sicher zu hören, dass Sie sie heute verstehen können!

Freundschaften gehen und entstehen

Viele Eltern erleben, dass sich ihr Freundeskreis mit der Geburt des ersten Kindes verändert. Sie sind jetzt zeitlich weniger flexibel, brauchen für den Kneipen- oder Kinobesuch jemanden, der auf die Kinder aufpasst, und so fort. Ihre Interessen haben sich wahrscheinlich schon in der Schwangerschaft verändert, und oft findet man mit kinderlosen Freunden zumindest vorübergehend kaum noch Gemeinsamkeiten. Auf der anderen Seite knüpfen viele junge Eltern über die Kinder neue Kontakte. So entstehen in Geburtsvorbereitungskursen und Eltern-Kind-Gruppen oder auch ganz einfach in der Nachbarschaft oder auf dem Spielplatz neue Freundschaften zu Gleichgesinnten. Viele Alltagsprobleme werden entschärft, wenn Sie erkennen, dass es anderen ähnlich ergeht. Wie Sie sich als Vater aktiv am Aufbau dieser wichtigen neuen Kontakte beteiligen können, erfahren Sie ab Seite 138.

DIE »RETRADITIONALISIERUNGSFALLE«

Bei den meisten kinderlosen Paaren sind beide berufstätig und kümmern sich gemeinsam um den Haushalt. Mit der Geburt des ersten Kindes kippt dieses Verhältnis fast immer: Die frischgebackene Mutter bleibt meist zu Hause und nimmt auch häufig den »Löwinnenanteil«

der Elternzeit in Anspruch. Die Berufspause des einen Elternteils vergrößert die finanzielle Verantwortung des anderen – und das ist auch heute noch in der Regel der Vater. Die meisten Elternpaare wünschen sich dieses berufliche, familiäre und finanzielle Ungleichgewicht nicht. Sie geraten quasi hinein. Der Vater ist plötzlich der Alleinverdiener und Ernährer, die Frau plötzlich die Hausfrau und Mutter … Soziologen nennen dieses Phänomen »Retraditionalisierungsfalle«: Viele Paare entscheiden sich pragmatisch und für eine begrenzte Zeit für diese Rollenverteilung, jedoch erweist es sich nach ein, zwei, drei, vier Jahren oft als schwierig für die Frau, zurück in den Beruf zu kommen. Männer befürchten dann zudem, beruflich ins Hintertreffen zu geraten, wenn sie ihre Arbeitszeit zugunsten der Familie reduzieren. So fällt es vielen schwer, die einmal getroffene Aufgabenverteilung zu verändern. Eine als vorübergehend geplante Anpassung an traditionelle Rollenmuster hat sich auf diese Weise verselbstständigt und verfestigt – einmal in der »Falle«, gerät die Kontrolle über das eigene Leben ins Hintertreffen. Dabei sinkt die Zufriedenheit von Eltern mit ihrem Leben und ihrer Paarbeziehung dramatisch, wenn sie mit der Rollenverteilung nicht (mehr) glücklich sind, wie Erfahrungen und verschiedene sozialwissenschaftliche Untersuchungen zeigen.
Im siebten Kapitel ab Seite 161 helfen wir Ihnen, Ihre persönliche Balance zwischen Familie, Beruf und Freizeit zu finden.

»Alle Kinder lächeln über die Ansichten ihrer Eltern. Bis sie selbst Eltern geworden sind.«

LISELOTTE PULVER | Schweizer Schauspielerin

Erfahrungsberichte

Frank, 35, zwei Kinder

Nach der Geburt meiner Tochter hätte ich mir die Erwerbs- und Familienarbeit sehr gerne mit meiner Frau geteilt, nichts lieber als das! Leider waren wir zum Zeitpunkt der Geburt beide im Übergang vom Studium in den Beruf. Ich hatte bereits einen Job, sie nicht. So war es für uns finanziell nicht drin, meine volle Stelle zu reduzieren – auch die damals 300 Euro Erziehungsgeld nützten uns da relativ wenig.

Heute beneide ich frischgebackene Väter richtig um das Elterngeld und die Partnermonate. Auch wenn ich bei Freunden erfahre, dass Arbeitgeber immer noch nicht begeistert sind, wenn Väter in Elternzeit gehen, erscheint mir das heute doch deutlich akzeptierter zu sein als noch im Jahr 2002, in dem ich Vater geworden bin.

Stefan, 40, ein Sohn (4 Jahre)

Wir haben uns zu wenig Gedanken gemacht. Wir sind in eine Situation reingestolpert, mit der wir beide – Anja, meine Frau, und ich – unzufrieden sind. Wir sind beide Ärzte und arbeiten gern in unserem Beruf. Nun war ich einen Karriereschritt weiter als meine Frau, als sie schwanger war. Deshalb blieb sie nach der Geburt ein Jahr ganz zu Hause. Ich arbeitete voll weiter, was für mich oft auch eine 80-Stunden-Woche bedeutet. Anja verlängerte ihre Elternzeit nach einem Jahr um ein weiteres Jahr. Als sie nach zwei Jahren Auszeit in den Beruf zurückging, war ihr Ruf quasi ruiniert – was sie von Chefs und Kollegen hörte, das grenzte hart an Mobbing. Jetzt will sie aus der Klinik weg und sich mit einer Praxis niederlassen. Das wird ein Riesenkraftakt für uns alle. Und ich habe unseren Sohn bis jetzt verdammt wenig gesehen. So wollte ich das alles nicht!

MIT IHREM KIND ZU HAUSE – VÄTER UND DAS WOCHENBETT

Das frühe Wochenbett – die ersten 10 bis 14 Tage nach der Geburt – dient der Erholung von Mutter und Kind sowie der ersten körperlichen Rückbildung der Gebärmutter sowie sonstiger Begleiterscheinungen der Schwangerschaft. Insgesamt dauert Letzteres sechs bis acht Wochen, daher auch der in manchen Regionen verwendete alte Begriff »Sechswöchnerin«.
Wochen-»Bett« heißt nicht, dass diese Zeit nur im Bett verbracht werden darf. Es ist auch eine Phase der Neuorientierung.
Über das frühe Wochenbett hinaus kann diese Neuorientierung einige Monate dauern. Ihr Kind hat rund 40 Wochen gebraucht, um bis zur Geburt heranzureifen. Es ist nicht verkehrt, mit einem etwa ebenso langen Zeitraum zu rechnen, den Sie für die Neufindung der Familie benötigen. Nutzen Sie diese Zeit, um Ihr Kind kennen zu lernen.

Das **frühe Wochenbett**

Mutter und Kind sind von Anfang an sehr eng verbunden. Ihr Kind ist in Ihrer Partnerin gewachsen, sie hat es geboren und kann es mit ihrer Milch ernähren. Gerade wenn Ihre Partnerin und Ihr Kind nach der Geburt mehrere Tage im Krankenhaus geblieben sind und Sie nicht immer bei ihnen sein konnten, zum Beispiel in einem Familienzimmer, dann sind die ersten Tage mit Ihrem Kind zu Hause umso wichtiger für Sie. Sie können nun einiges nachholen! Es ist höchste Zeit, dass Sie die Zweierbeziehung zu einer Dreierbeziehung erweitern.
Nehmen Sie sich deshalb von Anfang an so viel Zeit wie möglich mit Ihrem Kind und Ihrer Partnerin, auch wenn das angesichts der vielen Aufgaben, die jetzt auf Sie zukommen, oft nicht einfach sein wird. Schaffen Sie sich immer wieder Zeitnischen. Gehen Sie mit Ihrem Kind

spazieren. Wickeln Sie Ihr Kind, baden Sie es. Tragen Sie es auf Ihrem Arm durch die Wohnung. Genießen Sie so oft wie möglich Körperkontakt mit Ihrem Kind. Legen Sie es sich zum Beispiel auf Ihren nackten Oberkörper oder genießen Sie gemeinsam mit Ihrer Partnerin und Ihrem Kind ruhige Momente zu dritt. Sie sind nun eine Familie, und als Vater sind Sie ein ganz wichtiges Familienmitglied.

FINDEN SIE IHREN PLATZ IN DER FAMILIE

Diese Vorschläge mögen wie Selbstverständlichkeiten klingen. Der Alltag vieler frischgebackener Elternpaare zeigt jedoch: Viele Väter neigen dazu, in der Wochenbettphase über der praktischen Unterstützung den innigen Kontakt zum neugeborenen Kind zu »vergessen«. Der Verzicht auf eine eigene Beziehungspflege zum Kind birgt die Gefahr, dauerhaft in eine »Assistentenrolle« zu geraten. In dieser Assistentenrolle fühlen sich Väter leicht zurückgesetzt und werden unzufrieden, wenn sie das Gefühl haben, überwiegend »Anweisungen« ihrer Partnerin entgegenzunehmen und nicht aus eigener Initiative zu handeln. Mancher Vater sieht sich dann eher als Partner einer Frau mit Kind, für das er sich verantwortlich fühlt, zu dem er aber (noch) keine intensive Beziehung aufbauen konnte – eine Situation, die sich auch negativ auf die Partnerschaft auswirken kann. Fragen Sie sich daher immer wieder, welchen Platz Ihre Partnerin und Ihr Kind innerhalb der Familie einnehmen und wo Sie selbst stehen. Eine sehr starke Mutter Kind- und eine schwache Vater-Kind-Bindung lässt bei Vätern häufig Neid und Eifersucht entstehen (siehe Seite 108).

VORBEREITUNGEN UND AUFGABEN FÜR SIE

In den ersten Tagen nach einer ambulanten Geburt in Klinik oder Geburtshaus oder nach einer Hausgeburt sind Sie als Vater und Partner besonders gefordert. In der ersten Zeit nach der Geburt ist Ihre Partnerin noch geschwächt. Sie braucht Ihre Zuwendung, Pflege und tatkräftige Unterstützung.

Ihre Aufgaben als »Wochenbettmanager« sehen ungefähr so aus:

- Legen Sie einen Matratzenschutz auf, der Blutungen auffängt.
- Wechseln und waschen Sie möglichst oft die Bettwäsche.
- Begleiten Sie Ihre Partnerin bei den ersten Toilettengängen.
- Tragen Sie dazu bei, dass die frischgebackene Mutter ansonsten im Bett bleiben und sich ausruhen kann.
- Unternehmen Sie etwas mit Ihrem Kind. Das stärkt Ihre Beziehung zum Baby, und Ihre Partnerin hat eine erholsame Pause.

BETREUUNG DURCH EINE HEBAMME

Nutzen Sie Hebammenhilfe! In den ersten Tagen und Wochen nach der Geburt hat Ihre Partnerin Anspruch auf Geburtsnachsorge durch eine Hebamme. Die Kosten übernimmt die Krankenversicherung bis acht Wochen nach der Geburt, bei Bedarf auch länger (etwa bei Stillproblemen bis zum Ende der Stillzeit, egal wie lange sie dauert).

Die Hebamme kommt zu Ihnen nach Hause. Sie kümmert sich um die Geburtsfolgen und kontrolliert die Rückbildung der Gebärmutter Ihrer Partnerin. Sie sieht auch immer wieder nach dem Baby. Bei Fragen zum Stillen steht sie mit Rat und Tat zur Seite. Sie kann Sie im Baden, Wickeln und Tragen anleiten und gibt Ihnen viele weitere Tipps und Hilfen. Eine gute Hebamme hat meist durch ihre langjährige Erfahrung auch noch ein offenes Ohr für persönliche Fragen oder Unsicherheiten, die in den ersten Tagen zu Hause mit Baby auftauchen können.

Sehr hilfreich ist, wenn Sie die Hebamme bereits kennen, etwa aus dem Geburtsvorbereitungskurs. Falls diese nicht kann, bemühen Sie sich rechtzeitig, am besten schon in der Mitte der Schwangerschaft, um eine Hebamme, die die Wochenbettbetreuung übernimmt. Vereinbaren Sie mit ihr einen Termin, um sich bereits vorher kennenzulernen. Achten Sie neben der fachlichen Qualifikation rund ums Wochenbett auch darauf, ob Sie als Vater sich bei ihr aufgehoben fühlen, denn: Eine gute Hebamme sollte immer auch den Vater und die psychische Entwicklung der Familie im Blick haben!

Checkliste

Stressfrei durchs **Wochenbett**

- Kümmern Sie sich bereits vor der Geburt gemeinsam mit Ihrer Partnerin um eine Hebamme für die Wochenbettbetreuung.
- Nehmen Sie sich so viel Urlaub wie möglich, zwei bis vier Wochen sind ideal. Versuchen Sie, eine flexible Urlaubsregelung zu erreichen, damit Ihr Urlaub mit der Geburt beginnt.
- Oder nehmen Sie Elternzeit ab der Geburt Ihres Kindes. Viele Väter nehmen einen oder zwei Elternzeitmonate direkt nach der Geburt (mehr dazu, auch über flexible Möglichkeiten der Elternzeit, ab Seite 166).
- Wenn Sie keinen oder nur wenig Urlaub bekommen, sorgen Sie für Hilfe durch Freunde oder Verwandte und versuchen Sie, besonders pünktlich nach Hause zu kommen. Oder: Sie kümmern sich in diesem Fall bereits vor der Geburt um eine Haushaltshilfe. Fragen Sie bei der Krankenversicherung Ihrer Partnerin rechtzeitig nach, ob sie sich an den Kosten beteiligt.
- Den Haushalt werden Sie in den ersten Wochen allein schmeißen. Neben Waschen, Kochen, Putzen denken Sie auch an das Zubereiten von Zwischenimbissen und viel (Still-)Tee. Achten Sie beim Einkaufen auf reichlich frisches Obst und Gemüse (nichts Blähendes wie Kohl oder Zwiebeln!).
- Damit Ihnen der Haushalt nicht über den Kopf wächst und Sie Zeit für Ihr Kind haben, sorgen Sie für Helfer (Haushaltshilfe/Verwandte/Freunde).
- Die Geburt war für Ihre Partnerin anstrengende Arbeit! Auch das Stillen beansprucht sie körperlich sehr stark. Optimal ist es, wenn sie sechs bis acht Wochen kürzertreten kann, bevor sie wieder voll in den Haushalt einsteigt.
- In den ersten sechs bis acht Wochen sollte Ihre Partnerin nichts tragen, was mehr als fünf Kilo wiegt – auch keine älteren Geschwisterkinder!
- Entscheiden Sie gemeinsam, welchen Besuch Sie jetzt bekommen möchten und welchen lieber erst später! Sie haben ein Recht auf Ruhe und auf Ihre exklusive Dreisamkeit.

DAS MÜSSEN SIE NACH DER GEBURT ERLEDIGEN

Leider ist es in den ersten Tagen nicht damit getan, gut für Mutter, Kind und sich selbst zu sorgen. Es warten noch eine Reihe weiterer Aufgaben auf Sie und Ihre Partnerin, die Sie teilweise sogar schon vor der Geburt angehen können, um später nicht in zu großen Stress zu geraten.

1 **Die Vorsorgeuntersuchung U2 organisieren.** Diese Untersuchung ist sehr wichtig. Ihr Kind wird am dritten bis elften Lebenstag von Kopf bis Fuß untersucht. Bei einem stationären Aufenthalt nach einer Klinikgeburt wird die U2 meist dort vorgenommen, Sie müssen also zur Vorbereitung nichts weiter tun und lediglich den vereinbarten Termin wahrnehmen. Nach einer ambulanten Geburt oder Hausgeburt müssen Sie sich jedoch selbst darum kümmern. Fragen Sie den Kinderarzt, ob er zur U2 zu Ihnen nach Hause kommen kann.

2 **Ihr Kind beim Standesamt anmelden.** Nach einer Geburt in der Klinik wird die Anmeldung meist von dort aus erledigt. Nach einer außerklinischen Geburt müssen Sie selbst innerhalb einer Woche zum Meldeamt gehen. Wird Ihr Kind nicht an Ihrem Wohnort geboren, müssen Sie es zudem beim Einwohneramt ummelden.

3 **Ihr Kind bei der Krankenversicherung anmelden.** Erfragen Sie bei Ihrer Krankenversicherung, bis wann Sie Ihr Kind im Rahmen der Familienversicherung anmelden müssen.

4 **Vaterschaft und gemeinsames Sorgerecht.** Wenn Sie mit Ihrer Partnerin nicht verheiratet sind, können Sie beim Jugendamt schon vor der Geburt zusammen die Vaterschaft anerkennen und die gemeinsame Sorge erklären. Möchte die Mutter dies nicht, können Sie das gemeinsame Sorgerecht nach der Geburt beim Familiengericht beantragen. Legt die Mutter innerhalb einer vom Gericht festgelegten Frist Widerspruch ein, entscheidet das Gericht im Sinne des Kindeswohls.

5 **Mutterschaftsgeld beantragen.** Ist Ihre Partnerin selbst krankenversichert oder in einem festen Arbeitsverhältnis, hat sie in der Mutterschutzfrist (sechs Wochen vor und acht Wochen nach der Geburt) Anspruch auf Mutterschaftsgeld. Falls sie das Geld nicht schon vor der Geburt bei der Krankenkasse beantragt hat, wird es jetzt Zeit.

6 **Kindergeld beantragen.** Das Kindergeld sollten Sie bis zum sechsten Lebensmonat Ihres Kindes beantragen. Zuständig sind die Kindergeldkassen der Agentur für Arbeit oder – im öffentlichen Dienst – die Arbeitgeber.

7 **Elterngeld beantragen.** Dafür wenden Sie sich an Ihre zuständige Elterngeldstelle. Besorgen Sie sich den recht umfangreichen Antrag möglichst schon vor der Geburt, das erspart Stress.

Lassen Sie sich **unterstützen!**

Sie und Ihre Partnerin haben also eine Fülle von Aufgaben zu bewältigen. Das kann belasten. Sie haben aber auch das Recht, die angenehmen Seiten des Elternseins zu genießen. Tun Sie das! Kümmern Sie sich darum, dass andere Sie entlasten. Beziehen Sie Ihre Freunde und Verwandten in Ihr Programm und Pensum ein. Sie werden erstaunt sein, wie hilfsbereit Ihr Umfeld ist.

»Was uns als eine schwere **Prüfung** erscheint, erweist sich oft als **Segen**.«

OSCAR WILDE | Englischer Schriftsteller (1854–1900)

Checkliste

Entlastungsmöglichkeiten nach der Geburt

- Bitten Sie Freunde, die zu Besuch kommen, Ihnen beim Aufräumen zu helfen oder gemeinsam mit Ihnen ein Abendessen für alle zu kochen.
- Lassen Sie sich statt Plüschtieren und teurer Babykleidung Gutscheine schenken, etwa für »3-mal Fensterputzen« oder »3 Abende Babysitten«.
- Sprechen Sie die freudige Nachricht über die Geburt und das Wichtigste über Ihr Baby (Vorname, Größe, Gewicht) auf Ihren Anrufbeantworter.
- Wenn Ihre Partnerin stillt, kann sie gelegentlich Milch abpumpen, und Sie füttern Ihr Kind. So haben Sie exklusive Papastunden und Ihre Partnerin Zeit für sich (und später die Möglichkeit, auch mal allein das Haus zu verlassen).
- Machen Sie Ihre Eltern, Schwiegereltern und Freunde mit Ihrem Baby vertraut. Bitten Sie sie, es hin und wieder zu beaufsichtigen.
- Sprechen Sie regelmäßig Ihre Zeitverteilung mit Ihrer Partnerin ab. Halten Sie abgesprochene Zeiten ein. Rufen Sie an, wenn sich etwas ändert. So vermeiden Sie Stress, Unzufriedenheit und Streit.
- Hängen Sie gemeinsame Arbeitspläne am Küchenschrank auf, die regeln, wer wann was erledigt. So behalten Sie den Überblick.
- Informieren Sie sich über Tageseltern, Babysitter und Au-pairs.
- Engagieren Sie eine Putz- und/oder Haushaltshilfe.
- Sprechen Sie sich mit Freunden und Freundinnen mit Kind ab, ob das Aufpassen auf zwei Kinder im Wechsel möglich ist.
- Treffen Sie sich mit anderen Vätern und deren Kindern zu gemeinsamen Unternehmungen.
- Kaufen Sie für die ersten Tage mit Kind auf Vorrat ein (Tiefkühlkost, haltbares Obst und Gemüse) oder gönnen Sie sich hin und wieder einen Lebensmittel-Lieferservice. Bioläden, Gärtnereien und Hofläden bieten per Internet auch Abo-Kisten mit frischen Lebensmitteln an.

PAPA, MAMA UND BABY – EIN STARKES TEAM

Nutzen Sie die erste Zeit zu Hause mit Ihrem Kind, um sich zu beschnuppern und sich aneinander zu gewöhnen. Hat Ihre Partnerin die ersten Tage mit Baby in der Klinik verbracht, können Sie diesen »Vorsprung« jetzt aufholen. Daraus soll natürlich kein Wettbewerb werden. Im Kontakt zum Kind geht es nicht um besser oder schlechter, sondern darum, dass Sie beide einen guten und intensiven Kontakt zu Ihrem Kind haben!

Die meisten Mütter fühlen sich durch die lange Zeit der Schwangerschaft sehr eng mit ihrem Kind verbunden. Manchen fällt es schwer, ihr Baby loszulassen. Dabei können Sie als Vater auch gut für Ihr Kind sorgen und dabei einen eigenen Stil entwickeln. Wenn anfangs die Windel noch nicht so perfekt sitzt, dann macht das gar nichts!

Um aktiv Vater sein zu können, brauchen Sie Zeit und Gelegenheit, sich um Ihr Kind zu kümmern.

Dabei ist es hilfreich, wenn Sie von Ihrer Partnerin Unterstützung erhalten. Natürlich muss sie Ihnen nicht haarklein erklären, welchen Handgriff Sie wie machen sollen. Versuchen Sie nicht, die »bessere Mutter« zu sein. Vielmehr geht es für Sie darum, Ihre neuen Aufgaben anzunehmen und auszufüllen. Für Ihre Partnerin geht es darum, sich nicht allein für Ihr gemeinsames Kind verantwortlich zu fühlen. Hilfreich ist es, wenn sie Ihnen Raum und Zeit lässt, Ihren eigenen Weg im Umgang mit Ihrem Kind zu entwickeln. Wenn Sie Hilfe und Tipps brauchen, können Sie bei ihr nachfragen – und ansonsten kommen Väter und ihre Babys auch gut allein klar.

Wenn Ihre Partnerin sich damit schwertut, Sie und Ihr Kind einmal ein paar Stunden allein zu lassen, erinnern Sie sie daran, was sie selbst davon hat, eine Weile ohne Kind zu sein. Vielleicht tut es Ihnen beiden aber auch gut, wenn sie zunächst einmal in der Nähe bleibt, jedoch nur dann selbst aktiv wird, wenn Sie sie darum bitten. So können Sie sich beide langsam an das Annehmen von Aufgaben beziehungsweise das Loslassen von Verantwortung gewöhnen.

Wickeln, **Baden,** Spielen, **Schmusen**

Wenn Sie schon vor der Geburt Ihres Kindes lernen wollen, ein Baby zu wickeln, zu baden, hochzuheben, zu tragen und anzuziehen, dann besuchen Sie einen Säuglingspflegekurs. Wenn nicht, üben Sie gemeinsam mit Ihrer Partnerin oder fragen Sie die Nachsorgehebamme.
Sie können auch direkt nach der Geburt die Hebamme bitten, Ihnen zu zeigen, wie Sie Ihr Kind baden, wickeln und anziehen. Sie werden dann bald Ihre ganz eigene Technik entwickeln.
Kinder lieben es, bei alltäglichen Dingen »Faxen« zu machen. So kann lästiges Aus- und Anziehen Ihrem Kind viel mehr Spaß machen – und damit auch leichter von der Hand gehen –, wenn Sie es zwischendurch sanft streicheln oder kitzeln, Grimassen schneiden oder ein kleines Stofftier über seinen Bauch tanzen lassen. Es stärkt Ihr Selbstbewusstsein als Vater, wenn Sie bald merken: Ich kann das gut, und mein Kind fühlt sich wohl mit mir!

»Seit ich herausgefunden habe, wie ich unserer Tochter ohne Geschrei die Haare waschen kann, ist das mein ›Job‹.«

WALTER, 36 | Vater von zwei Kindern

EIN BADEFEST FÜR DIE GANZE FAMILIE

Manche Dinge gehen zu dritt einfach besser, etwa Baden. Da zu viel Wasser und Seife der empfindlichen Babyhaut schaden, reicht es voll und ganz, wenn Sie Ihr Kind einmal in der Woche baden – dann aber darf es ruhig ein kleines Fest werden. Nehmen Sie sich viel Zeit. Heizen Sie das Badezimmer auf 26 bis 28 °C. Lassen Sie 37 °C warmes Wasser (Badethermometer!) in die Badewanne einlaufen. Als Badezusatz reichen ein paar Tropfen Mandel- oder Olivenöl. Nun setzt sich einer von Ihnen hinein und lässt sich vom andern das Kind reichen. Sie können es zum Beispiel auf Ihre ausgestreckten Beine setzen. Halten Sie Ihr Kind gut fest. Genießen Sie den Körperkontakt und das warme Wasser und beginnen Sie nun langsam, Ihr Kind mit einem Waschlappen zu waschen. »Waschen« Sie so auch die Haare, Shampoo brauchen Sie dazu im ersten Lebensjahr meist nicht. Feiern Sie dieses Badefest abends, dann schläft Ihr Kind danach besonders gut.

WICKELN WIE EIN WELTMEISTER

»Kinder sind das Einzige, was in einem modernen Haushalt noch mit der Hand gereinigt werden muss!« Legen Sie sich alle Utensilien zurecht, bevor Sie beginnen, damit Sie gar nicht versucht sind, Ihr Baby auch nur eine Sekunde allein liegen zu lassen. Auch wenn es sich bisher noch nicht drehen konnte – plötzlich gelingt es ihm. Selbst wenn Sie sich nur kurz zum Waschbecken umdrehen, kann es in dem Augenblick herunterfallen! Der häufigste Babyunfall ist der Sturz vom Wickeltisch! Sie können Ihr Baby auch auf dem Bett wickeln oder auf einer Decke auf dem Fußboden. Lassen Sie keine kleinen (Cremetubendeckel) oder spitzen Gegenstände (Nagelschere) in Reichweite Ihres Kindes liegen. Es kann sie verschlucken oder sich verletzen.

Sie brauchen: eine saubere Windel, einen feuchten, gut ausgedrückten Waschlappen oder Öltücher, Babycreme (auf der Basis pflanzlicher Öle) und Ersatzkleidung, falls die Windel nicht alles gehalten hat. Eine Windelcreme benötigen Sie nur, wenn die Babyhaut gerötet ist.

- Knöpfen Sie Strampler und Body auf und schieben Sie beides hoch. Wenn Sie die Windel freigelegt haben, öffnen Sie sie und halten Sie dann mit einer Hand die Füße Ihres Kindes fest, damit es nicht in die Windel tritt.
- Wischen Sie größere Stuhlmengen bereits mit dem oberen Teil der Windel ab und klappen Sie ihn dann nach innen.

1

- Heben Sie den Po Ihres Babys an, indem Sie von der Seite unter dem einen Bein hindurch das andere Bein greifen (Bild 1).
- Entfernen Sie die Windel. Wichtig: Eine Hand bleibt immer am Kind!
- Reinigen Sie Genitalbereich und Po – immer von vorn nach hinten! So vermeiden Sie, dass Darmbakterien in den Genitalbereich gelangen. Vergessen Sie nicht, die Speckfalten in den Leisten und bei Mädchen die Schamlippen leicht auseinanderzuziehen und zu reinigen.
- Lassen Sie die Haut gut abtrocknen und Ihr Kind ein paar Minuten ohne Windel liegen. Das beugt Wundsein und Entzündungen vor – und macht Ihrem Kind viel Spaß. Cremes brauchen Sie nur bei geröteter Haut.
- Heben Sie dann wieder den Po Ihres Babys, legen Sie eine neue Windel unter und befestigen Sie diese mit den dafür vorgesehenen Klebestreifen (Bild 2).

2

- Knöpfen Sie Body und Strampler wieder zu – fertig!

Der Wickelvorgang klingt umständlicher, als er wirklich ist. Tun Sie es ein paarmal – ohne Hilfestellung! – und es wird Ihnen leichtfallen.

DIE STILLZEIT

Fast alle Mütter können stillen und haben genug Milch, um ihr Kind im ersten Lebensjahr damit zu ernähren. Sie brauchen nur die richtigen Informationen und Unterstützung.
Stillen ist die einzige Aufgabe, die Sie, der Vater, nach der Geburt Ihres Kindes tatsächlich nicht übernehmen können. Aber es gibt viele wichtige Dinge, die Sie tun können, um Ihrer Partnerin und Ihrem Kind das Stillen zu ermöglichen und zu erleichtern.

Nur das **Beste** für Ihr Kind!

Alle Eltern wollen ihrem Kind das Beste geben. Vertrauen Sie nach Möglichkeit auf die Natur, denn Muttermilch ist gesund! Gestillte Kinder bekommen seltener Allergien als Babys, die mit Flaschennahrung ernährt wurden. Sie haben stärkere Abwehrkräfte, werden weniger häufig krank und erleiden seltener den sogenannten plötzlichen Kindstod (siehe auch Seite 115).
Die Nachfrage Ihres Kindes regelt das Angebot an Muttermilch: Wenn ein Baby viel saugt, wird viel Milch gebildet – saugt es wenig, reduziert sich die Milchmenge. Wenn Mutter und Kind genug Ruhe und Zeit zum Stillen haben, reguliert sich dieses System wie von selbst.
Ein Zufüttern mit anderen Flüssigkeiten ist meist unnötig und kann das Ganze leicht aus dem Gleichgewicht bringen: Denn wenn das Baby andere Nahrung erhält, saugt es weniger an der Brust. In der Folge wird weniger Milch produziert, und die Mutter bekommt das Gefühl, ihr Kind nicht ausreichend ernähren zu können, was wiederum die Milchproduktion und den Milchfluss behindern kann.
Muttermilch hat immer genau die Zusammensetzung, die Ihr Kind braucht. Das Angebot an Nähr- und Abwehrstoffen, die Ihre Partnerin über ihre Milch an Ihr Kind weitergibt, verändert sich mit dem Alter des

Kindes und passt sich so seinen Bedürfnissen optimal an. Zudem hat die Milch immer die richtige Temperatur, sie ist frisch und keimfrei. So steht Ihrem Kind seine ideale und ganz individuelle Nahrung zur Verfügung. Außerdem ist die Muttermilch auch noch weich und warm »verpackt«.
Die Weltgesundheitsorganisation (WHO) empfiehlt, Säuglinge mindestens sechs Monate ausschließlich zu stillen und im Anschluss daran noch ein Jahr lang, während das Kind sich an feste Kost gewöhnt.

Stillende Mütter

Für viele Mütter ist das Stillen eine wunderbare Erfahrung. Es bringt Mutter und Kind in eine sehr enge Verbindung, und viele Frauen sind stolz darauf, ihr Kind vollständig selbst ernähren zu können.
Aber die Stillzeit ist auch eine Phase gewaltiger Umstellungen. Es ist für den Körper anstrengend, Milch zu produzieren. Gerade zu Anfang kann es manchmal beschwerlich und auch schmerzhaft sein, bis sich die Brustwarzen an die Beanspruchung gewöhnt haben. Hinzu kommt, dass Babys in den ersten Monaten auch nachts gestillt werden müssen, sodass der Nachtschlaf regelmäßig unterbrochen wird und viele Mütter sich tagsüber unausgeschlafen und müde fühlen.
Die Auswirkungen von Schlafentzug und des Hormons Prolaktin, das beim Stillen gebildet wird, beschreiben viele Mütter so, dass sie sich oft nicht richtig konzentrieren und Gesprächen nur angestrengt folgen können. Sie fühlen sich matt und sind leicht vergesslich. Manche Mütter bezeichnen diesen Zustand scherzhaft als »Stilldemenz«. Prolaktin kann auch dazu beitragen, dass stillende Mütter besonders empfindsam und »nah am Wasser gebaut« sind. Seien Sie nachsichtig!
Ein Baby zu füttern erfordert Geduld: Egal ob Ihre Partnerin stillt oder Sie beide Ihr Kind mit der Flasche füttern – es kann leicht bis zu 45 Minuten dauern, bis Ihr Kind »ausgetrunken« hat. Bei fünf bis sieben Mahlzeiten pro Tag kommen da einige Stunden zusammen, sodass kaum mehr Zeit für anderes bleibt. Einige Mütter fühlen sich durch das

Stillen sehr stark an ihr Kind gebunden. Sie glauben, nichts mehr ohne ihr Baby unternehmen zu können. Hier sind Sie als engagierter Vater gefragt. Sie können Ihrem Kind abgepumpte Muttermilch aus einer Flasche geben und so eine Stillmahlzeit überbrücken. Viele Väter berichten von sehr guten Erfahrungen mit dieser Methode. Sie bietet beiden Partnern größere Unabhängigkeit und ermöglicht dem Vater, länger allein mit dem Baby unterwegs zu sein und die Erfahrung zu machen, dass auch er sein Baby »sättigen« kann.

Hilfe bei Stillproblemen, bei Fragen zum Stillen und zum Abpumpen von Muttermilch erhalten Ihre Partnerin und Sie von Hebammen, Still- und Laktationsberaterinnen. Die Kosten hierfür übernimmt bis zum Ende der Stillzeit in der Regel die Krankenversicherung.

Die Stillzeit endet erst dann, wenn eine Mutter tatsächlich nicht mehr stillt – das kann bereits nach etwa sechs Monaten der Fall sein, manche Mütter stillen aber auch in Ergänzung zur festen Kost ein Jahr und länger.

STILLFRUST GEMEINSAM ÜBERSTEHEN

In unregelmäßigen Abständen hat Ihr Kind Wachstumsschübe. Dann ist es hungriger als sonst. So kann es sein, dass ein Baby, das bisher normalerweise alle drei Stunden gestillt werden wollte, nun schon nach ein bis zwei Stunden wieder Hunger hat. Das kann für Ihre Partnerin sehr anstrengend sein, besonders nachts. Es ist aber wichtig, dem Kind dann nicht die Brust zu verweigern. Denn nach ein paar Tagen produziert sie mehr Milch, und das Kind findet meist zum alten Stillrhythmus zurück.

Wenn Ihre Partnerin des Stillens mal überdrüssig sein sollte, kann es helfen, wenn Sie sich gemeinsam Folgendes vorstellen: Ihr Baby meldet nachts Hunger an, Sie stehen auf, kochen Wasser ab, lassen es auf die richtige Temperatur abkühlen, mischen es mit einer genau abgemessenen Menge Milchpulver und schütteln es gut durch – aber nicht zu kräftig, weil Ihr Kind sonst vom Schaum Blähungen bekommt. Ist es da nicht viel einfacher, wenn die Mutter das Baby nachts einfach zu sich an die Brust nimmt und danach gleich weiterdöst?

Väter in der Stillzeit

Stillen ist nicht nur gesund, praktisch und gut für die Beziehung zwischen Mutter und Kind. Auch Sie als Vater profitieren davon, indem Ihnen viel Stress erspart bleibt (siehe Seite 107). Nebenbei darf auch gesagt werden, dass Stillen Ihrer kleinen Familie Kosten erspart, denn gute Säuglingsnahrung ist nicht billig. Tragen Sie deshalb mit dazu bei, dass Ihre Partnerin gute Bedingungen fürs Stillen hat. Ihre Unterstützung ist für sie und Ihr Kind ganz besonders wichtig, denn: Väter spielen eine entscheidende Rolle für den Stillerfolg und die Stilldauer.

UMGANG MIT NEID UND EIFERSUCHT

Manche Väter sind eifersüchtig auf den innigen Kontakt von Mutter und Kind, vor allem wenn das Kind gestillt wird. Sie fühlen sich ausgeschlossen aus dieser Zweisamkeit und denken, dass sie überflüssig sind. Sie befürchten, sich von ihrer Partnerin zu entfremden, die anscheinend nur noch Körperkontakt mit dem Baby haben will.

Hinzu kommt, dass die Brüste der Partnerin, die bisher ziemlich exklusiv der erotischen Anziehung vorbehalten waren, nun von einer anderen Person »belagert« werden. Häufig sind stillende Mütter in puncto Körperkontakt so gesättigt, dass auf Zärtlichkeiten mit dem Partner und Vater kaum noch Appetit bleibt.

Wenn bei Ihnen solche Gefühle – Eifersucht, Frust und Neid – entstehen: Sie sind damit nicht allein. Es geht vielen jungen Vätern so. Aber wenn Sie sich jetzt frustriert zurückziehen, wird Ihre Situation nicht besser, sondern schlimmer. Auch ein abruptes Beenden des Stillens oder Stillprobleme, die oft psychische Auslöser haben, belasten die gesamte Familie – somit auch Sie.

Sehen Sie lieber das Positive: Ihr Kind ist bestens versorgt, und spätestens nach sechs Monaten, wenn Sie beginnen zuzufüttern, können auch Sie es ernähren. Bis dahin können Sie auch eine ganze Reihe anderer Bedürfnisse Ihres Babys stillen und es hin und wieder mit abgepumpter Milch aus dem Fläschchen versorgen.

Erfahrungsbericht

Falk, 35, ein Kind:

Meine Frau Uta wollte zwei Monate nach der Geburt unserer kleinen Nora wieder in den Beruf einsteigen. Ich fand das toll und wollte Nora gern mit der Flasche füttern. Mein Vorteil als Freiberufler ist, dass ich zu Hause arbeite und meine Arbeitszeit flexibel gestalten kann. Wir schafften uns eine mechanische Milchpumpe an, einen Sterilisator, mehrere Fläschchen und Sauger, Flaschenwärmer, Bürsten, Plastikbeutelchen ... Am Ende waren rund 150 Euro investiert.

Wir probierten das neue System natürlich vor dem »Ernstfall« gut aus. Der Alltag läuft seitdem so ab: Uta nimmt die Milchpumpe mit zur Arbeit und pumpt während des Tages an einem ruhigen Ort ihre Milch ab. Diese lagert sie zunächst in Plastikbeuteln im Kühlschrank. Die Beutel bringt sie mit nach Hause, wo sie gleich in den Gefrierschrank wandern. Vor dem Zubettgehen pumpt sie nochmals Milch ab.

Nora hat mittlerweile einen verlässlichen Rhythmus: Sie schläft von 21 bis 3 Uhr durch, und dann hat Uta wieder genug Milch in der Brust für eine Stillmahlzeit – die Nachfrage bestimmt das Angebot!

So sammelt sich nach und nach ein Muttermilchvorrat im Gefrierschrank an. Ich taue die Milch zwei Stunden vor der Mahlzeit auf – bei Raumtemperatur, damit sie nicht verdirbt. Ich fülle sie in ein sauberes, sterilisiertes Fläschchen mit ebensolchem Sauger und »stille« Nora, wenn sie Hunger anmeldet. Nora hat ihren festen Rhythmus. Da weiß ich gleich Bescheid. Wenn die Milch einmal aufgetaut ist, darf man sie übrigens nicht wieder einfrieren. Deshalb haben wir immer passende Portionen plus eine Reserve im Gefrierfach. Man lernt ja schnell, wie viel das Baby normalerweise trinkt.

Ich habe in Noras achter Lebenswoche mit dem »Stillen« begonnen, damit sie sich früh auf zwei Milchquellen einstellen konnte. Dadurch sind wir zwei einander noch viel näher gekommen!

SO KÖNNEN SIE SICH AM STILLEN BETEILIGEN

Egal wie Sie Ihre Aufgaben im Familienalltag verteilen, es gibt viele Möglichkeiten, sich aktiv am Stillen zu beteiligen und Ihre Partnerin und Ihr Kind zu unterstützen. Fragen Sie sich, ob und wie lange Sie beide sich vorstellen können, Ihr Kind mit Muttermilch zu ernähren, und überlegen Sie, wie Sie sich gegenseitig in der Stillzeit helfen können.

- Bringen Sie Ihrer Partnerin etwas zu trinken, während sie stillt. Das tut ihr gut, da ihr Flüssigkeitsbedarf durch das Stillen erhöht ist.
- Setzen Sie sich, wenn Ihre Partnerin stillt, hinter sie und halten Sie Ihre beiden Liebsten im Arm, so wie Sie es bestimmt auch in der Schwangerschaft öfter getan haben (siehe Seite 24).
- Sie können die Zeit und die Ruhe des Stillens nutzen, um eine Mahlzeit zuzubereiten. So beteiligen Sie sich über einen »Umweg« auch an der Ernährung Ihres Kindes.
- Bleibt Ihre Partnerin in der ersten Zeit zu Hause, und Sie gehen zur Arbeit? Wenn Sie traurig sind, wenig Zeit für Ihr Kind zu haben, rufen Sie sich ins Gedächtnis, dass Sie die Ernährung der Familie ermöglichen. Sie »stillen« so die Bedürfnisse Ihrer Partnerin und Ihres Kindes!

»Wenn wir Muttermilch trinken, manifestiert sich das Mitgefühl in uns. Dieser Akt ist ein Symbol der Liebe und der Zuneigung, welcher die Grundlagen für unser gesamtes Leben legt.«

TENDZIN GYATSO | 14. Dalai Lama

Brust oder **Flasche** – eine gemeinsame Entscheidung

Stillen ist der Idealfall. Es kann aber auch sein, dass Ihre Partnerin einfach nicht stillen möchte oder sich durchs Stillen anhaltend überfordert fühlt. Prüfen Sie die Rahmenbedingungen: Hat Ihre Partnerin von der Hebamme oder Stillberaterin ausreichend Anleitung erhalten, oder fühlt sie sich unsicher? Sind alle Möglichkeiten ausgeschöpft, ihr etwas mehr Ruhe und Schlaf zu verschaffen? Besonders Schlafentzug kann Mütter dermaßen unter Stress setzen, dass es zu wunden Brustwarzen und Brustentzündungen kommt. Wenn sich das Stillen trotz Hebammenhilfe und Stillberatung zur Last entwickelt, kann es für die ganze Familie eine Erleichterung sein, sich für Flaschennahrung zu entscheiden. Suchen Sie in diesem Fall zusammen mit Ihrer Partnerin eine Lösung, und tragen Sie die Entscheidung gemeinsam.

Bedrängen Sie Ihre Partnerin nicht. Denn oft fühlen sich Mütter als »Versagerin«, wenn sie »aufgeben«. Erkennen Sie ihre Bemühungen an und machen Sie das Fläschchen zu Ihrem gemeinsamen Projekt.

Ein weiterer Grund für vorzeitiges Abstillen kann sein, dass Ihre Partnerin ein Medikament einnehmen muss, das in die Muttermilch übergeht. Auch in diesem Fall ist Ersatznahrung ein Segen.

Der Übergang zur **festen Kost**

Wenn Ihr Kind nach Vollendung des sechsten Monats Interesse am Essen zeigt, können Sie mit zunächst sortenreinem Gemüsebrei anfangen zuzufüttern (siehe Buchtipp Seite 172). Sehr gut eignet sich Kürbis, er ist natursüß und ziemlich allergieunverdächtig. Wenn Sie keinen Zeitdruck bei der Einführung fester Kost haben, etwa weil Ihre Partnerin wieder arbeiten gehen will, sollten Sie langsam vorgehen. Achten Sie darauf, wie essbegeistert Ihr Kind ist. Alle zwei Wochen eine Stillmahlzeit zu ersetzen reicht aus. Lassen Sie Ihrem Kind Zeit.

WEINEN, SCHREIEN UND BERUHIGEN

Weinen und Schreien gehören in den ersten Monaten zum Alltag mit Baby. Das ist normal, kann aber Ihre Nerven natürlich ganz schön aufreiben. Doch beides sind (noch) die wichtigsten Ausdrucksformen, die Ihr Kind besitzt, um sich mitzuteilen.

Nach einiger Zeit können Sie die unterschiedlichen Formen des Weinens und Schreiens deuten. Sie erkennen dann schnell, ob Ihr Baby hungrig, müde oder gelangweilt ist, ob ihm etwas wehtut oder ob es sich nach körperlicher Nähe sehnt.

Manchmal schreit ein Baby jedoch scheinbar ohne Grund; auch dann, wenn alle körperlichen Bedürfnisse befriedigt sind. Es scheint einfach untröstlich zu sein.

Eine solche Situation stellt eine arge Geduldsprobe dar. Viele Eltern kämpfen dabei mit Hilflosigkeit, Verzweiflung oder gar Wut – und anschließend mit einem schlechten Gewissen. Vielleicht hilft Ihnen der Gedanke, dass Ihr Kind nie in der Absicht schreit, Sie zu ärgern. Es steckt immer ein Grund dahinter. Wenn Sie mit Ihren Nerven mal am Ende sind, hilft ein Wechsel in der Betreuung am besten.

Schreien ist immer eine Botschaft an Sie, auf die Sie reagieren müssen. Je eher Sie Ihr Baby trösten, desto früher wird es sich beruhigen. Wenn Sie alle möglichen körperlichen Gründe abgecheckt haben und es immer noch schreit, überlegen Sie, wie der Tag für Ihr Baby gelaufen ist. Vielleicht baut es durch sein Schreien Spannungen ab? Etwa dann, wenn es von einem Übermaß an Eindrücken überfordert ist: Es war im Supermarkt dabei, es ist im Auto mitgefahren, Besucher haben es angeschaut und betütert, ältere Geschwister haben es geneckt …?

Nicht nur Eltern sind von einem hektischen Tag genervt! Das Gehirn des Babys muss Tag für Tag Tausende Eindrücke und Erfahrungen verarbeiten, seine Synapsen laufen regelrecht heiß. Aus der Säuglingsforschung wissen wir, dass Babys hierbei tatsächlich Stress haben. Hinter scheinbar grundlosem Schreien kann allerdings auch ein traumatisches Geburtserlebnis stecken, das auf diese Weise verarbeitet wird. Dann helfen nur Zuwendung, Geduld und noch mal Geduld!

Wenn Ihr Kind scheinbar grundlos brüllt, hält derjenige von Ihnen, der im Moment noch »Reserven« hat, es liebevoll im Arm und sagt ihm, dass es in Ordnung ist, so zu weinen, es wird schon seinen Grund haben. Probieren Sie nicht zu viele verschiedene Maßnahmen zum Trösten kurz hintereinander aus, das kann Ihr Kind verwirren. Halten Sie Ihr Baby ruhig im Arm und atmen dabei tief und gleichmäßig in den Bauch. Schaukeln Sie es sanft, so wie Sie es intuitiv tun, gehen Sie mit ihm ruhig durch die Wohnung, sprechen Sie leise mit ihm oder singen ihm etwas vor. Viele Babys beruhigen sich dabei.

Wenn Ihr Baby immer wieder stundenlang schreit und sich nicht trösten lässt, sollten Sie zur Sicherheit von Ihrem Kinderarzt abklären lassen, ob organische Ursachen vorliegen.

Wie Ihr Baby **in den Schlaf** findet

Die Frage »Na, schläft es schon durch?« hat schon viele vom Schlafentzug geplagte Eltern an den Rand des Wahnsinns gebracht. Ein Baby passt seinen Schlaf-wach-Rhythmus erst nach und nach an den Tag-Nacht-Wechsel an und geht nur allmählich dazu über, mehr als vier Stunden am Stück zu schlafen. Das Schlafbedürfnis ist – wie beim Erwachsenen – individuell unterschiedlich: Die meisten Säuglinge schlafen in 24 Stunden insgesamt 14 bis 18 Stunden. Manche schlafen sogar 20 Stunden, andere begnügen sich mit 12 bis 14.

Viele Kinder wachen in den ersten Lebensjahren nachts immer wieder auf und brauchen beim Wiedereinschlafen die Hilfe ihrer Eltern. Gerade voll gestillte Kinder benötigen nachts eine bis drei Stillmahlzeiten, weil die Muttermilch so gut verdaulich ist. Das kann für Sie anstrengend sein, tut Ihrem Kind aber sehr gut. Außer viel Geduld und dem tröstlichen Wissen, dass es von Monat zu Monat besser wird, helfen Ihnen dann vor allem viel Ruhe und ein Ritual beim Einschlafen. Bewahren Sie Ihr Kind und sich selbst vor Schlaftrainingsprogrammen, die dazu raten, das Kind im Bett allein schreien zu lassen, und sei es auch nur für kurze Zeit! Diese Programme sind erwiesenermaßen unwirksam, ja sogar schädlich für die Eltern-Kind-Bindung. Das Gehirn des Babys ist gar nicht in der Lage, auf diese Art und Weise zu »lernen«. Das Vertrauen des Babys in Sie als Eltern und in seine Umwelt kann hingegen durch »Schlaftraining« sogar geschädigt werden (siehe Seite 173).

RITUALE ERLEICHTERN DAS EINSCHLAFEN

Kombinieren Sie abends verschiedene kleine Rituale. Nur toben sollten Sie in der halben Stunde vor dem Schlafen nicht mehr mit Ihrem Kind. Dann wird es sich bald darauf eingestellt haben, dass es Zeit ist, zu schlafen. Ob es dann beim Stillen einschläft, ob Sie bei ihm bleiben, bis es eingeschlafen ist, oder aus dem Zimmer gehen, wenn es noch wach liegt, hängt von Ihrem Gefühl ab. Lassen Sie sich möglichst wenig von anderen reinreden, jede Familie handhabt das anders.

Wählen Sie zwei bis drei Rituale aus oder erfinden Sie eigene:

- Erzählen Sie Ihrem Baby eine kleine Geschichte oder was am Tag schön war. Auch wenn es Ihre Worte noch nicht versteht, genießt es den ruhigen Klang Ihrer Stimme und Ihre Anwesenheit.
- Lassen Sie zwei, drei seiner Kuscheltiere über seinen Bauch wandern und ihm »Gute Nacht« sagen. Danach verabschieden sich die Tiere (aus Sicherheitsgründen) aus dem Babybett.
- Singen Sie leise ein Schlaflied. Am besten jeden Abend das gleiche.
- Statt zu singen, können Sie auch eine Melodie summen.
- Erzählen Sie Ihrem Baby, wer schon eingeschlafen ist (»Die Oma schläft schon, der Opa schläft schon, die Katze schläft schon …«).

Ein solches Ritual – um Bilderbuch und Gespräche erweitert – hilft später auch noch Ihrem Kleinkind dabei, in den Schlaf zu finden.

Tipp

Gesunder Babyschlaf

Für den Schlafplatz eines Babys gelten mittlerweile folgende Empfehlungen, um einen gesunden Schlaf zu gewährleisten und um dem plötzlichen Kindstod (auch: plötzlicher Säuglingstod) vorzubeugen:

- Legen Sie Ihr Kind im ersten Lebensjahr immer in Rückenlage schlafen.
- Damit die Atemwege des Kindes nicht verdeckt werden können, sollte es in einem passenden Babyschlafsack und ohne zusätzliche Decke schlafen.
- Nicht ins Bettchen gehören auch Kopfkissen, Kuscheltiere, Fellunterlagen und weiche Umpolsterungen. Sie könnten die Atemwege verschließen, wenn das Kind seinen Kopf dreht, und eine Überwärmung bewirken.
- Das Kinderbett sollte im (rauchfreien) Elternschlafzimmer stehen, da die Atemgeräusche der Eltern die Atemregulation des Babys fördern.
- Als Schlafkleidung genügen Babys normalerweise Windel und Schlafanzug.
- Die Raumtemperatur zum Schlafen sollte bei ca. 16 bis 18 °C liegen – im Sommer daher tagsüber die Jalousien/Vorhänge geschlossen lassen, im Winter weit vor dem Schlafengehen das Zimmer gründlich durchlüften und anschließend die Temperatur wieder über die Heizung regeln.
- Fassen Sie Ihrem Kind an Stirn oder Nacken. Schwitzt es, ziehen Sie ihm etwas aus; fühlt sich die Haut kalt an, ziehen Sie ihm eine zweite Schicht an. Das geht bei Kindern auch sehr gut im Schlaf.
- Das Bett soll nicht im direkten Sonnenlicht oder neben der Heizung stehen, um Überhitzungen zu vermeiden; auch Zugluft ist zu verhindern.
- Auch ein langes Stillen, in den ersten sechs Lebensmonaten möglichst ausschließlich, sorgt dafür, dass Ihr Baby bei Atemproblemen leichter wach wird, sodass die Gefahr eines Atemstillstandes geringer ist.
- Wenn Sie Ihr Schlafzimmer auf diese Weise babygerecht gestalten, können Sie das Kinderzimmer vorerst zum Beispiel als Paarzimmer nutzen und sich dort ein »Liebesnest« einrichten, bis Ihr Kind ein eigenes Zimmer braucht.

TRÄNEN
NACH DER GEBURT

Das Baby strahlt, die Mutter hält es verzückt lächelnd im Arm, der Vater blickt stolz auf die beiden herab … Oft trügt dieses idealisierte Bild glücklicher Elternschaft. Die Geburt eines Kindes – besonders des ersten – bedeutet für jede Frau und für jeden Mann tiefgreifende Veränderungen: körperlich, psychisch und sozial.

Ein schreiendes Kind, Schlafentzug, Erschöpfung, Angst vor der lebenslangen Verantwortung und dem Rückfall in ein traditionelles Rollenmodell (siehe auch Seite 91): Meist bleibt oft keine Zeit mehr für Entspannung, Abwechslung und Erholung. Doch wo endet der »ganz normale Wahnsinn« in den ersten Monaten nach der Geburt, und wo beginnt die psychische Erkrankung? In der Wissenschaft unterscheidet man zwischen Babyblues, Wochenbettdepression und Wochenbettpsychose (Verwirrtheit, Wahnvorstellungen). Die beiden letzten Formen betreffen glücklicherweise eher wenige (10 bis 15 beziehungsweise 0,2 Prozent der Mütter).

»Babyblues« dagegen (auch »Heultage«) tritt häufig am dritten bis fünften Tag nach der Geburt auf und dauert nur einige Stunden oder Tage. Er äußert sich durch leichte Verstimmung, Weinerlichkeit, Schlaflosigkeit, Erschöpfung, Reizbarkeit und emotionale Labilität.

Über den »Babyblues« wird in Geburtsvorbereitungskursen immer häufiger gesprochen. Wochenbettdepression und -psychose sind dagegen selten Thema. Hier ist noch viel Aufklärungsarbeit notwendig.

Bei den meisten Frauen hängt eine depressive Verstimmung direkt nach der Geburt mit der hormonellen Umstellung und den Rahmenbedingungen rund um die Geburt zusammen. Damit sich dieser »Babyblues« nicht zu einer Depression auswächst, zeigen Sie Verständnis für die Situation Ihrer Partnerin.

- Achten Sie darauf, ihre Gefühle nicht herunterzuspielen.
- Nehmen Sie sie in den Arm und zeigen Sie ihr, dass Sie sie so lieben, wie sie ist.
- Entlasten Sie Ihre Partnerin von Haushalt und Kind.
- Suchen Sie rechtzeitig mit Ihrer Partnerin professionelle Hilfe.

Väter im Babyblues

Untersuchungen haben gezeigt, dass fünf bis zehn Prozent der Väter – also halb so viele wie Mütter – unter depressiven Symptomen nach der Geburt leiden. Kein Wunder, denn auch für manche Väter stellen sich die ersten Tage und Wochen mit Kind als Überforderung dar. Auch bei Vätern kann sich ein relativ normaler »Babyblues« unter ungünstigen Rahmenbedingungen zu einer handfesten Depression entwickeln. Diese Entwicklung kann sich in Antriebslosigkeit, Apathie, Schweigen, aber auch durch Gereiztheit und Aggressivität äußern. Behandlungsbedürftig sind Depressionen bei Müttern wie bei Vätern, da sie die Eltern im angemessenen und förderlichen Kontakt mit ihrem Kind einschränken und sich so negativ auf die kindliche Entwicklung auswirken.

> »Ein Mann kann nicht immer ein Held sein. Aber er kann immer ein Mann sein!«
>
> JOHANN WOLFGANG VON GOETHE | Deutscher Dichter (1749–1832)

Tipp

Das hilft, **Depressionen** zu vermeiden

- Tauschen Sie sich mit anderen (werdenden) Vätern aus. Wenn Sie offen Ihre Situation schildern, rücken auch vermeintlich »rundum glückliche« Freunde oft mit der Sprache heraus, das kann sehr hilfreich und tröstlich sein. Dabei erfahren Sie auch, dass die Durststrecken als frisch gebackener Vater ein Ende haben werden, wenn sich der Familienalltag eingespielt hat. Hilfen finden Sie auch im Internet (siehe Seite 173), Gesprächspartner zum Beispiel im Geburtsvorbereitungskurs oder in Vater(-Kind)-Gruppen.
- Bei Vätern sinkt der Testosteron- und steigt der Östrogenspiegel, was Stimmungstiefs und Depressionen begünstigt. Steuern Sie dem entgegen: mit Dingen, die Ihnen Spaß machen und guttun, wie Bewegung und Sport (auch mit Kind) und Treffen mit Freunden.
- Schlafen Sie ausreichend: Vielleicht ist ja eine halbe Stunde am späten Nachmittag möglich oder eine Nacht pro Woche in einem separaten Zimmer.
- Suchen Sie sich bei einer ungeplanten Schwangerschaft/Vaterschaft und Konflikten in Ihrer Beziehung früh professionelle Beratung (siehe Seite 173).
- Bauen Sie einen eigenen Kontakt zu Ihrem Kind auf. Ein gleichwertiger Platz im Beziehungsdreieck Vater-Mutter-Kind (siehe Seite 143) ist sehr wichtig für die seelische Gesundheit von Vätern!
- Bauen Sie neue soziale Kontakte auch außerhalb Ihrer Paarbeziehung auf bzw. pflegen Sie Ihre bestehenden eigenen Freundschaften.
- Gehen Sie offen mit Gefühlen von Überforderung um. Bitten Sie Familie, Freunde, Kollegen und Kolleginnen, Ihnen zu helfen.
- Suchen Sie für sich und Ihre Partnerin Entlastung (siehe Seite 100).
- Versuchen Sie, Probleme zu klären – sich dafür Hilfe zu holen zeugt von Stärke, nicht von Schwäche!
- Suchen Sie sich früh psychologische/ärztliche Unterstützung, um Ängste zu bearbeiten, vor allem wenn Sie schon Depressionen hatten.

DIE ERSTEN ZWÖLF LEBENSMONATE

Kinder entwickeln sich gerade im ersten Lebensjahr rasant: Sie legen an Größe und Gewicht zu, ihre Mimik, ihr Lächeln, ihre Motorik verfeinern sich. Die Lernleistung des Gehirns im ersten Lebensjahr ist phänomenal: So viel lernt ein Mensch nie mehr in einem Jahr!
Der Entwicklungskalender auf den folgenden Seiten gibt Ihnen einen kurzen Überblick über das erste Lebensjahr Ihres Kindes. Die zeitlichen Angaben sind Durchschnittswerte, denn jedes Kind hat sein individuelles Entwicklungstempo. Halten Sie die Vorsorgeuntersuchungen U1–U9 gewissenhaft ein. Ihr Kinderarzt kann so eventuelle Entwicklungsverzögerungen rechtzeitig feststellen und mit Ihnen über Fördermaßnahmen sprechen. Wie Sie Ihr Kind fördern und viel Spaß mit ihm und anderen Vätern und Kindern haben, erfahren Sie ab Seite 123.

»Als meine Tochter anfing zu krabbeln, kamen wir kaum nach, alles Gefährliche außer Reichweite zu schaffen. Wir haben aber einen Schrank zum Hannah-Schrank erklärt, den durfte sie nach Herzenslust ausräumen.«

ROBERT, 36 | Vater von zwei Kindern

Info

Wie sich Ihr Kind **entwickelt**

1./2. Monat

1. Monat: erste Reflexe: Ihr Baby bewegt hochgehoben seine Beine, als wollte es laufen; Hände und Füße machen bei Berührung der Innenfläche Greifbewegungen; es kann in Bauchlage seinen Kopf kurz heben; es reagiert auf Geräusche.
2. Monat: Ihr Kind erwidert Ihr Lächeln; es kann auf dem Bauch liegend kurz seinen Kopf halten; es versucht, alles in den Mund zu stecken.

3./4. Monat

3. Monat: Ihr Kind stützt sich vom Bauch auf die Unterarme; es rollt von der Seite auf den Rücken; es reagiert mit Lächeln auf freundliche Ansprache; es kann Gegenständen und Personen mit den Augen folgen; es bringt seine Hände vor dem Gesicht zusammen und spielt mit ihnen.
4. Monat: Ihr Kind beginnt zu »plappern«; es greift nach entfernten Gegenständen; Bewegungen und Greifen werden immer sicherer; es erforscht alle Gegenstände mit dem Mund.

5./6. Monat

5. Monat: Ihr Kind stützt sich aus der Bauchlage auf seine geöffneten Hände; kann Arme und Beine anheben und auf dem Bauch schaukeln; es lernt, Personen, Gesichtsausdrücke und den Tonfall von Stimmen zu unterscheiden.
6. Monat: Ihr Kind dreht sich in der Rückenlage hin und her; es greift gezielter, schaut herunterfallenden Dingen nach; es greift nach den Füßen; es wechselt Dinge von der einen in die andere Hand; es versucht, sich allein aufzurichten.

7./8. Monat

7. Monat: Ihr Kind kann ohne Hilfe sitzen; es dreht sich vom Rücken auf den Bauch; es nimmt seine Füße in den Mund; es beginnt zu »fremdeln«; Wünsche kann es durch einsilbige Ruflaute ausdrücken; es ist oft unzufrieden, weil es mehr will, als es kann.
8. Monat: Ihr Kind macht erste Versuche, in den »Vierfüßlerstand« zu kommen; es kann sich an Möbeln zum Knien hochziehen; es kann selbstständig sitzen und spielt mit beiden Händen; es beginnt mit den Händen zu essen.

9./10. Monat

9. Monat: Ihr Kind beginnt zu krabbeln; es greift mit Daumen und Zeigefinger; es kann längere Zeit sitzen; es lallt vielfältige Silben und ahmt Sprache nach.
10. Monat: Ihr Kind setzt sich aus der Bauchlage von allein auf; wenn Sie es an den Händen halten, kann es schon für kurze Zeit stehen; es krabbelt immer schneller und freut sich, wenn es ein Regal- oder Schrankfach mit ungefährlichen Gegenständen ausräumen darf.

11./12. Monat

11. Monat: Ihr Kind krabbelt, zieht sich an Möbeln hoch und macht erste unsichere Gehversuche; es plappert fortwährend, begleitet durch ergiebiges Sabbern. Ihr Kind kann seine Gefühle nun auch körperlich etwa durch Umarmungen oder Wegschubsen ausdrücken.
12. Monat: Ihr Kind lernt, erste selbstständige Schritte zu machen; seine Sprache entwickelt sich weiter, es versteht kleine Aufforderungen; es reagiert auf seinen Namen, und: Es hat Geburtstag – herzlichen Glückwunsch, auch zu Ihrem ersten Jahr Vaterschaft!

Worauf Sie **achten** sollten

Gehen Sie mit ihm in der 4. bis 6. Woche zur Vorsorgeuntersuchung U3! Haben Sie keine Angst, Ihr Baby zu »verwöhnen«. Babys, deren Bedürfnisse befriedigt werden, entwickeln ein gesundes Vertrauen in sich selbst und ihre Umwelt. Sprechen Sie in vollständigen Sätzen mit ihm, nicht in »Babysprache«. Beachten Sie die Hinweise zum Babyschlaf auf Seite 115.

Vorsicht vor Kleinteilen, die das Baby verschlucken könnte! Stimmen Sie mit Ihrem Kinderarzt einen Impfplan ab. Falls Ihr Kind allergiegefährdet ist, bezieht er dies mit ein. Beobachten Sie Ihr Kind gut. Fallen Ihnen Bewegungen oder Verhaltensweisen auf, die Sie verunsichern, sprechen Sie sie bei der U4 an. Melden Sie sich mit Ihrem Kind fürs Babyschwimmen oder zur Babymassage an. Spielerische Beschäftigung mit Ihrem Kind und viel Bewegung fördern seine Entwicklung (Motorik, Gleichgewichtsgefühl und Durchblutung).

Dreht Ihr Kind seinen Kopf nach beiden Seiten? Hört es mit beiden Ohren gut? Testen Sie dies gegen Ende des 6. Monats, indem Sie mit Papier rascheln, ohne dass Ihr Kind Sie sieht, einmal rechts, einmal links von seinem Kopf. Folgt es den Geräuschen mit dem Kopf? Falls nicht, sprechen Sie das bei der U5 an. Ihr Kind ist nun schon recht mobil, lassen Sie es daher niemals unbeaufsichtigt erhöht liegen (etwa auf dem Wickeltisch)! Gegen Ende des 6. Monats können Sie Ihr Baby nach und nach an Beikost gewöhnen.

Setzen Sie Ihr Kind nicht ungestützt hin, wenn es sich noch nicht allein aufsetzen kann. Lassen Sie es nicht allein im Zimmer, es sei denn, Sie hören, wenn es aufwacht. Kinder lernen am besten durch Zusehen und Nachahmen, etwa bei der Hausarbeit. Vorsicht: Wenn Ihr Kind sich an Möbeln hochzieht, ist es Zeit, die Wohnung kindersicher zu gestalten. Gewöhnen Sie Ihr zahnendes Kind mit einer Lernzahnbürste früh ans Zähneputzen. Mit dem Zahnen können leichte, säuerliche Durchfälle verbunden sein. Fragen Sie im Zweifel Ihre Kinderärztin. Wenn Ihr Kind schon mehr will, als es kann, quengelt es oft. Gönnen Sie ihm auch Ruhephasen, es ist Tag für Tag vielen neuen Eindrücken ausgesetzt.

Sichern Sie Treppen in Haus oder Wohnung mit Treppengittern, auch die Treppenaufgänge! Ihr Kind lässt Gegenstände immer wieder fallen und freut sich, wenn Sie sie aufheben. Das hat nichts mit Schikane zu tun. Wiederholen Sie jetzt seine Gebärden und sein Geplapper. Damit spiegeln Sie ihm sein Verhalten. Loben Sie Ihr Kind für das, was es tut! Ein Laufstall sollte keine Dauereinrichtung sein, denn er bremst den Bewegungs- und Entdeckungsdrang Ihres Kindes. Benutzen Sie keine Lauflernhilfen! Sie behindern die altersgemäße Entwicklung und können zudem gefährlich kippen.

Wenn Ihr Kind mit Laufen oder Sprechen noch nicht so weit ist, lassen Sie ihm Zeit. Fördern Sie es durch Spielen und Singen und sprechen Sie viel in normalen Sätzen mit ihm. Ihr Kind sollte nicht ständig einen Schnuller im Mund haben, das kann die Sprachentwicklung behindern. Wenn Sie unsicher sind, ob es altersgemäß entwickelt ist, fragen Sie Ihren Kinderarzt bei der U6. Bei dieser Untersuchung haben Sie auch Gelegenheit, mit ihm zu beraten, welche Impfungen noch durchgeführt werden sollten.

Spiel und Spaß

FÜR PAPA UND BABY

Babys sind Frauensache? Stimmt nicht!
Als aktiver Vater sind Sie ganz besonders wichtig für Ihr Baby. Nehmen Sie sich darum Zeit für Ihr Kind. Wie Sie es altersgemäß fördern können, lesen Sie auf den nächsten Seiten. Hier erfahren Sie auch, was Sie mit Ihrem Kind in Ihrer gemeinsamen Zeit tun und wie Sie viel Spaß mit anderen Vätern und Kindern haben können.

RAUM UND ZEIT
FÜR VATER UND KIND

Zeit ist nicht alles – aber ohne Zeit geht nichts, auch nicht der Aufbau und die Pflege einer guten Beziehung zwischen Vater und Kind. Väterforscher sagen zwar, dass nicht allein die Menge der Zeit, die ein Vater mit seinem Kind verbringt, entscheidend ist für eine gute Vater-Kind-Beziehung. Wichtiger sei die Qualität der miteinander verbrachten Zeit und dass der Vater gern mit seinem Kind zusammen ist, ihm seine Liebe zeigt, ihm Anerkennung gibt und seine Entwicklung aktiv und fördernd begleitet. Doch für gelebte Liebe braucht man(n) nun mal Zeit, ob zwischen Vater und Kind oder in einer Paarbeziehung.
Es ist hilfreich, diese gemeinsame Zeit nicht dem Zufall zu überlassen. Feste »Termine« oder »Zeitfenster« für Baby und Kind zu reservieren ist vor allem für Väter sinnvoll, die beruflich viel leisten müssen. Wenn Männer, die in ihrem Beruf engagiert und erfolgreich gearbeitet haben, am Ende ihres Berufslebens Bilanz ziehen, sagen sie häufig mit Bedauern: »Hätte ich mir nur mehr Zeit für meine Kinder gegönnt …«
Bereits wenige Wochen nach der Geburt beginnt sich ein gewisser Rhythmus in den Tagesgewohnheiten Ihres Kindes einzustellen. Beobachten Sie mit Ihrer Partnerin, wann es wach ist und wann es schlafen will. Überschneiden sich die Zeiten, in denen Sie zu Hause sind, und die Wachphasen Ihres Kindes? Wenn es sehr wenige Überschneidungen gibt, können Sie mit Ihrer Partnerin überlegen, wie sich Ihr Familien- und Arbeitsalltag umstrukturieren lässt:

- Ist es etwa möglich, dass Sie früher oder später zur Arbeit gehen beziehungsweise nach Hause kommen (Gleitzeiten)?
- Lässt sich vielleicht auch der Rhythmus Ihres Kindes verschieben, indem Sie es allmählich früher ins Bett bringen und entsprechend früher wecken oder umgekehrt?

Das Baby mit **Lust** und **Laune** »bevatern«

Wenn Sie es geschafft haben, sich mehr Zeit mit Ihrem Kind einzurichten, überlegen Sie, welche Aufgaben Sie in dieser Zeit übernehmen können und wollen. Möglichkeiten gibt es viele.

Morgens zum Beispiel können Sie Ihr Kind aus seinem Bettchen nehmen, es waschen, wickeln und anziehen. Oder Sie übernehmen abends die Wasch-und Wickelprozedur, bringen Ihr Kind ins Bett und machen ein kleines Einschlafritual (siehe Seite 114).

Schaffen Sie sich möglichst bald Zeit- und Freiräume, in denen Sie in Absprache mit Ihrer Partnerin auch allein etwas mit Ihrem Baby unternehmen, ob tagsüber, abends oder am Wochenende. Nutzen Sie Chancen, Ihr Kind allein zu »bevatern«! Seien Sie ein selbstbewusster Vater, aber versuchen Sie nicht den Helden zu spielen, der alles perfekt macht. Wenn Sie sich eine Stunde allein mit Ihrem Baby zutrauen, dann verbringen Sie eine Stunde mit ihm. Tasten Sie sich wenn möglich langsam heran; so gewinnen Sie immer mehr Sicherheit.

Falls Sie noch nie (abgepumpte) Milch mit einem Fläschchen gefüttert haben, dann üben Sie dies vorher, damit Ihre Zeit mit Kind ein Genuss für Sie beide wird und Sie nicht eine Stunde lang ein vor Hunger schreiendes Baby beruhigen müssen. Wenn Ihr Kind nicht aus der Flasche trinkt, beachten Sie stattdessen seinen Stillrhythmus – auf wie viel »brustfreie« Zeit mit Ihrem Baby können Sie sich einstellen?

Was Sie nun gemeinsam unternehmen, machen Sie am besten davon abhängig, wonach Ihnen und Ihrer Partnerin gerade ist.

Schnappen Sie sich den Kinderwagen oder das Tragetuch und gehen Sie mit Ihrem Kind spazieren. Gerade die Bewegung im Wagen oder der intensive Kontakt beim Tragen entspannt viele Kinder sehr schnell. Deshalb kann es passieren, dass Ihr Kind bald einschläft. Nutzen Sie die Zeit dann einfach für Ihre eigene Entspannung: Genießen Sie die Ruhe und die frische Luft. Halten Sie dabei nach Plätzen Ausschau, an denen Sie andere Eltern mit Babys und Kleinkindern treffen können. Dort ist es besonders leicht, andere Menschen kennenzulernen, auch andere Väter.

Oder machen Sie es sich mit Ihrem Kind daheim gemütlich und bieten Sie Ihrer Partnerin Freizeit außer Haus an. Ist Ihr Baby wach, legen Sie los! Achten Sie darauf, wonach ihm zumute ist, etwa wenn Sie mit ihm schmusen und kuscheln wollen: Freut es sich, oder wird seine Stimmung schlechter? Babys können sich noch nicht in Worten äußern, aber mit der Zeit lernen Eltern ihre Signale recht zuverlässig zu deuten. Probieren Sie aus, was Ihrem Kind gut tut.
Sie können sich auch beim Wickeln mal etwas mehr Zeit und Muße nehmen. Liegt Ihr Baby in Rückenlage auf der Wickelkommode, können Sie wunderbar Blickkontakt aufnehmen, um Ihrem Kind etwas zu erzählen und es liebevoll zu streicheln. Oder Sie nutzen die Zeit für eine sanfte Babymassage (ab Seite 132). Achten Sie aufmerksam darauf, ob Ihr Kind mehr davon möchte und wann es genug hat.

Erfahrungsbericht

Olaf, 38, zwei Kinder

Als unsere Tochter drei Monate alt war, ging Angela ein paar Wochen lang jeden Montagabend zum Rückbildungskurs. Drei Stunden lang war sie weg – für mich ganz schön aufregend, unsere kleine Mathilda wurde ja noch gestillt, und die Flasche mit der abgepumpten Muttermilch lehnte sie noch ab. Die ersten zwei Stunden gingen meist ganz gut, aber dann begann Mathilda häufig zu schreien. Ich bin dann mit ihr auf dem Arm in der Wohnung auf und ab gelaufen. Wenn das nicht half, wurde sie beim Spaziergang im Kinderwagen meist ruhiger. Nach und nach habe ich viel Sicherheit gewonnen, schließlich musste ich unser Kind erst mal kennenlernen. Ich habe viel darüber mit meiner Partnerin gesprochen, die mir zum Glück immer zugetraut hat, es auch allein zu schaffen. Auch heute nehme ich mir immer noch regelmäßig Papazeit und genieße unsere kleinen »Extratouren«!

PAPA KANN'S – PAPA MACHT'S!

Wie Sie im ersten Kapitel erfahren haben, können Väter genauso gut mit ihren Babys umgehen wie Mütter. Sie sind ebenso sensibel und machen intuitiv genauso viel richtig (siehe Seite 10).
Haben Sie also keine Angst, Ihrem Kind wehzutun oder gar etwas zu brechen, wenn Sie es anfassen. So überaus empfindlich ist Ihr Kind ohnehin nicht. Bei der Geburt hat es immensen Kräften standgehalten. Es ist gedrückt, eingeklemmt und geschoben worden.
Viele Frauen haben nicht so viel Kraft, dass sie ihr Baby mit einem Arm sicher halten können, besonders wenn die Geburt noch nicht so lange zurückliegt. Papas meist größere Hände und kräftigere Arme bieten Vorteile – nutzen Sie diese! Halten Sie zum Beispiel Ihr Kind beim Baden (siehe Seite 103) fest oder lassen Sie es auf Ihrer Hand und Ihrem Unterarm gut gehalten in Bauchlage »fliegen« (siehe Seite 131). Babys interessieren sich für alles, was um sie herum geschieht. Sie wollen sich einmischen und angeregt und von beiden gefördert werden – von Anfang an! Grund genug für Sie, Ihren eigenen Stil im Umgang mit Ihrem Kind zu entwickeln.

»Zum Selbstbewusstsein gehört, dass man seine Besonderheit eher pflegt als ablegt.«

CHRISTA GRASMEYER | Deutsche Autorin

Erklären Sie Ihrem Kind die Welt – von Anfang an

Ihr Kind ist neugierig. Es will wissen, was mit ihm und um es herum geschieht! Unterstützen Sie Ihr Baby bei seinen Entdeckungsreisen.
Ab dem Alter von vier bis sechs Wochen reagiert Ihr Kind auf das, was es hört – besonders auf Sprache. Es wird Ihnen immer interessierter zuhören. Deshalb sollte es für Sie zum ganz normalen »Umgangston« gehören, dass Sie Ihr Kind ansprechen, wenn Sie sich um es kümmern: »So, Hannah, jetzt wasche ich dich … Das ist der Waschlappen, den mache ich jetzt nass – jetzt wasche ich deine Beine …« Sehen Sie in Ihrem Kind von Anfang an einen vollwertigen Gesprächspartner, auch wenn Sie noch keine Antwort in Klartext bekommen. Aber es spürt auf diese Weise Ihre liebevolle Aufmerksamkeit, und Sie fördern damit die Entwicklung der Sprache, der Wahrnehmungs- und Denkfähigkeit Ihres Kindes von Anfang an – ganz einfach und zugleich optimal!
Mit vier bis sechs Monaten wird es noch spannender. Ihr Kind will immer mehr von Ihnen hören. Es antwortet, wenn Sie eine Pause machen, zunehmend in seiner noch ganz eigenen Sprache. Stellen Sie Ihrem Kind auch Fragen: Nehmen Sie zum Beispiel Blickkontakt auf und fragen »Magst du das?«. Auf eine solche direkte Ansprache wird Ihr Kind reagieren, besonders wenn Sie ihm mit Ihrer Mimik Ihre volle Aufmerksamkeit signalisieren. Wenn es brabbelnd antwortet, treten Sie in ein Zwiegespräch ein. So werden Sie beide lustige und interessante Konversationen haben.
Sie können Ihrem Kind auch schon jetzt einfache Bilderbücher zeigen, ihm die Gegenstände erklären, die darin zu sehen sind, und erzählen, was im Buch passiert. Auch so schaffen Sie beste Bedingungen für die Entwicklung der Sprache, für Wahrnehmen und Denken Ihres Kindes. Bilderbücher gibt es in Hülle und Fülle. Ziehen Sie mit Ihrem Kind los und suchen Sie mit ihm zusammen etwas Schönes aus!

Sanft aufnehmen und hinlegen

Auch einfache Handgriffe wollen gelernt sein. Wenn Ihr Baby auf dem Rücken liegt und Sie es auf den Arm nehmen wollen, bereiten Sie es darauf vor. Nehmen Sie zunächst Blickkontakt mit ihm auf. Achten Sie auf seine Signale, reden Sie mit ihm, berühren Sie es.

→ Schieben Sie dann – wenn Sie Rechtshänder sind – Ihre linke Hand unter den Hals und die rechte unter den Po. Mit dem linken Unterarm stützen Sie Babys Rücken, und mit den gespreizten Fingern stützen Sie Nacken und Kopf ab (Bild 1). Das klingt komplizierter, als es ist, und wird schnell zu einer sicheren Routine.

1
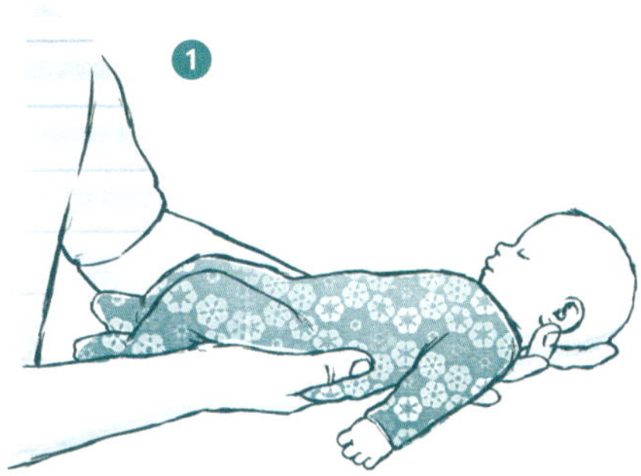

→ Oder Sie umfassen mit beiden Händen den Brustkorb Ihres Babys unter den Achseln. Drehen Sie es leicht auf die Seite, stützen Sie mit Ihren Fingern Babys Nacken und Kopf – und hoch geht's (Bild 2).

2

Wichtig ist, dass Sie Ihr Baby erst hochheben, wenn es Ihre Hände fest unter seinem Körper spürt. Ebenso beim Hinlegen: Ziehen Sie Ihre Hände niemals ruckartig unter dem Körper Ihres Babys weg und nehmen Sie sie erst dann sanft weg, wenn es gut auf der Unterlage liegt. Stützen Sie immer mit einer Hand den Kopf Ihres Kindes, da es ihn bis zum fünften oder sechsten Monat noch nicht stabil allein halten kann. Wenn Sie sich unsicher fühlen, besuchen Sie einen Säuglingspflegekurs.

Sicher **halten** und **tragen**

Halten, Tragen und Sanft-auf-dem-Arm-Schaukeln sind klassische Methoden, um unruhige oder weinende Babys zu beruhigen oder in den Schlaf zu wiegen.

→ Der Körper Ihres Kindes ruht auf Ihrem Unterarm und wird von Ihrer Hand unter seinem Po gehalten. Sein Kopf liegt in Ihrer Armbeuge. Ihre andere Hand bietet Sicherheit (Bild 1). So können Sie gut Blickkontakt zu Ihrem Kind halten.

1
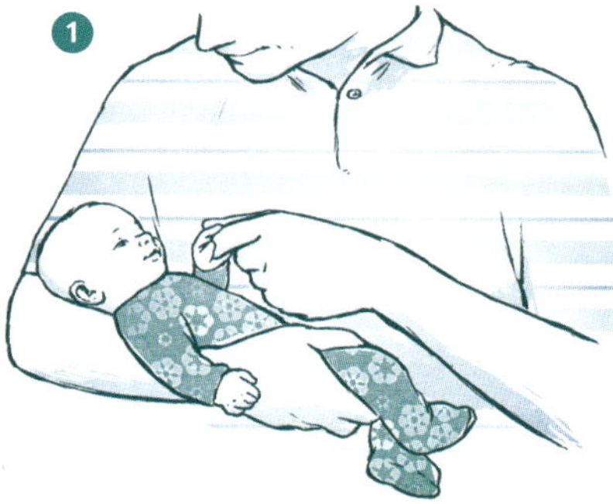

→ Wenn Ihr Baby schon etwas älter ist, wird es sich freuen, wenn Sie es auch einmal vor Ihrem Körper tragen und es nach vorn schauen und seine Umgebung begutachten kann. Ihr Kind sitzt mit dem Po auf Ihrem rechten Handgelenk, Sie umfassen und halten mit der rechten Hand sicher seinen linken Oberschenkel. Ihr linker Unterarm ist eine Art Sicherheitsbügel vor Babys Oberkörper; der Unterarm stützt sanft ergänzend den Körper und hält ihn unter den Achseln (Bild 2).

2
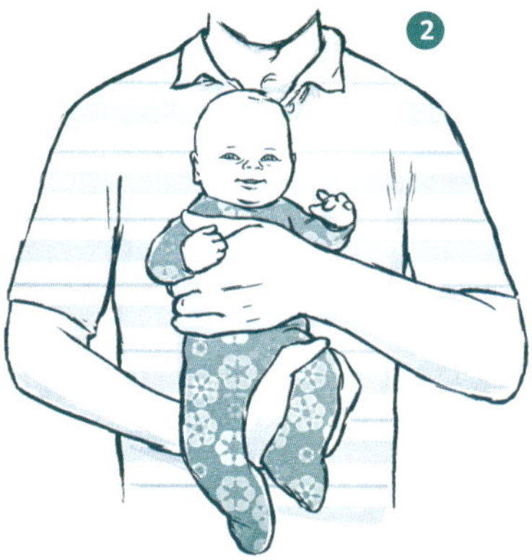

Achten Sie darauf, dass Kopf und Rücken Ihres Babys gut gestützt sind. Erst im Laufe des dritten und vierten Monats lernt Ihr Kind den Kopf zu halten und werden die Rückenmuskeln kräftiger.

→ Auch die Flieger-Position mögen viele Kinder: Halten Sie Ihr Baby so, dass es mit dem Oberkörper auf Ihrem Unterarm liegt, dabei umgreift Ihre Hand seine Achsel. Mit der anderen Hand stützen Sie den Bauch. Sie können das Baby aber auch gut in seiner ganzen Länge auf Ihrem

Unterarm ruhen lassen. Sein Köpfchen ruht dabei in Ihrer Armbeuge, Ihre Hand umfasst ein Bein (Bild 3). Im Alter von etwa drei Monaten kann es in dieser Position den Kopf anheben und so ebenfalls wunderbar die Übersicht behalten. Wenn Sie sich in dieser Haltung mit Ihrem Kind bewegen, sichern Sie es auf jeden Fall mit Ihrer anderen, freien Hand.

3

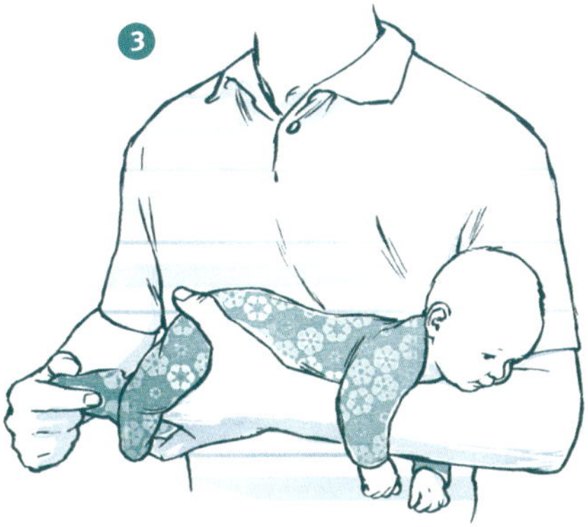

KÖRPERKONTAKT BERUHIGT

Sie werden sehr schnell lernen, Ihr Kind sicher und ergonomisch zu halten und zu tragen oder es zum Bäuerchenmachen an Ihre Schulter zu legen. Das tun Sie am besten niemals ohne Spucktuch, denn wenn Babys aufstoßen, ist das selten trocken!

Der enge Körperkontakt tut Ihnen beiden gut: Ihr Baby spürt Ihre Wärme, Ihre Bewegungen und riecht Ihren vertrauten Geruch.

Sie spüren Ihr Kind ganz nah, lernen es besser kennen und gewinnen Selbstvertrauen und Sicherheit im Umgang mit ihm.

Wenn Sie sich viel mit Ihrem Kind beschäftigen, werden Sie sehr schnell lernen, es sicher und ergonomisch zu halten und zu tragen – oder es nach einer Mahlzeit zum Bäuerchenmachen an Ihre Schulter zu legen. Das tun Sie übrigens am besten niemals ohne Spucktuch (viele Eltern verwenden einfach eine gefaltete Mullwindel), denn wenn Babys aufstoßen, ist das selten trocken!

Babymassage

Babymassage ist eine schöne, sanfte Art der Beziehungspflege und »Kommunikation ohne Worte« zwischen Ihnen und Ihrem Kind. Ihr Kind erfährt Sie dabei als zärtlichen und einfühlsamen Vater, und Sie lernen seinen Körper und seine Reaktionen auf Ihre Berührungen noch besser kennen.

Babymassage dient der Entspannung und der seelisch-mentalen Gesundheit. Sie kann darüber hinaus auch körperlich heilsam wirken, etwa bei Blähungen oder Koliken. Im Vordergrund der Babymassage steht aber, dass Ihr Kind sich wohlfühlt und dass Sie durch Ihre liebevolle Zuwendung die Beziehung zueinander stärken.

Wenn Ihr Kind Bauchweh hat, können Sie ihm ganz »dufte« helfen, seine Blähungen loszuwerden. Drücken Sie seine Beine, wenn es auf dem Rücken liegt, abwechselnd sanft zum Bauch wie beim Radfahren.

VORBEREITUNGEN

Die Raumtemperatur sollte mindestens 25 °C betragen. Sie können Ihr Baby auf dem Bett massieren. Dabei sitzen Sie im Schneidersitz, und Ihr Kind liegt direkt vor Ihnen auf der Matratze. Sie können es aber auch auf Ihre ausgestreckten Beine legen. Benutzen Sie in jedem Fall ein Handtuch zum Unterlegen. Das schützt Sie vor Öl-, Urin- und eventuellen Stuhlflecken. Weil sie sich so schön entspannen, pinkeln nicht wenige Babys bei der Massage.

Sie können Ihr Kind massieren, wenn es ohnehin recht ruhig ist. Oder Sie massieren es zur Beruhigung. Es sollte aber weder hungrig noch müde sein. Mit der Massage kann die Ruhe, die Sie ausstrahlen, auch auf Ihr Kind übergehen. Haben Sie ein wenig Geduld. Anfängliche Unruhe oder Quengeln werden sich sicher bald legen.

Sorgen Sie für eine ruhige, entspannte Atmosphäre. Lassen Sie sich nicht durch äußere Einflüsse ablenken. Das klingelnde Telefon kann gegebenenfalls Ihr Anrufbeantworter übernehmen!

SO WIRD'S GEMACHT

Öl macht die Massage sanfter. Kalt gepresste, ungeröstete Pflanzenöle wie Mandelöl (aus dem Bioladen) eignen sich am besten. Sorgen Sie dafür, dass Ihre Hände warm sind, und ölen Sie sie ein. Massieren Sie zunächst sehr sanft, zart und mit nur wenig Druck. Achten Sie darauf, wie Ihr Kind reagiert! Seien Sie besonders vorsichtig am Bauch, wenn es Bauchweh hat.

Machen Sie ruhige, gleichmäßige Bewegungen und beziehen Sie alle Körperpartien gleichermaßen ein. Wenn Sie zum Beispiel dreimal das rechte Bein massiert haben, massieren Sie auch dreimal das linke. Achten Sie darauf, dass Sie während der gesamten Massage Körperkontakt zu Ihrem Baby halten. Eine Hand, zumindest ein Finger, sollte die Verbindung zwischen Ihnen und Ihrem Baby die ganze Zeit über aufrechterhalten.

Beginnen Sie mit dem Baby in Rückenlage. Zunächst ein paar Streicheleinheiten für den Kopf:

- → Streichen Sie das Gesicht langsam, symmetrisch und mit Ihren beiden Daumen von der Nase über die Wangen herab aus (Bild 1). Wiederholen Sie dies einige Male.
- → Streichen Sie das Gesicht nun einige Male mit Ihren Daumen symmetrisch von der Mitte der Stirn zu den Schläfen hin aus (Bild 2).

1

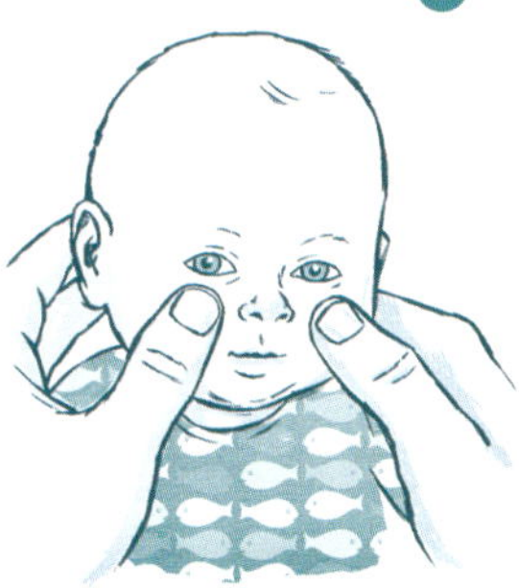

2

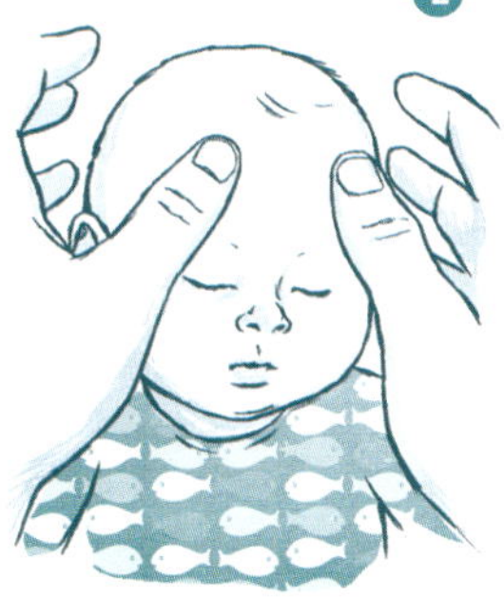

- Nun der Rumpf: Streichen Sie mit der Hand, beginnend an der linken Schulter des Babys, diagonal über den Rumpf zum linken Bein (Bild 1).
- Setzen Sie jetzt eine Hand in der Mitte des Rumpfes in Brusthöhe an und streichen nach außen zum rechten Arm. Dann setzen Sie wieder in der Mitte an und streichen zum linken Arm.
- Nun ist der Bauch dran: Streichen Sie kreisend mit Ihrer Hand über den Bauch Ihres Babys, und zwar immer nur im Uhrzeigersinn (wegen der Darmrichtung)!
- Drehen Sie Ihr Baby jetzt auf den Bauch und legen Sie es vor Ihren Körper. Legen Sie Ihre Hände nebeneinander quer auf seinen Rücken, beginnend am Nacken. Während Sie die eine Hand schieben, ziehen Sie die andere jeweils quer zur Wirbelsäule Ihres Babys über den Rücken. Bewegen Sie so Ihre Hände langsam ziehend und schiebend vom Nacken zum Po (Bild 2). Drücken Sie nicht auf den Rücken und vor allem nicht auf die Wirbelsäule – sie ist sehr druckempfindlich!
- Streichen Sie anschließend sanft den Rücken in Längsrichtung vom Nacken zum Po aus (Bild 3).

1

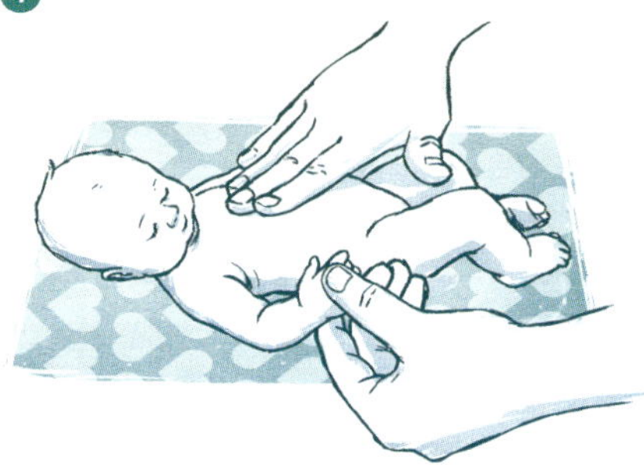

2

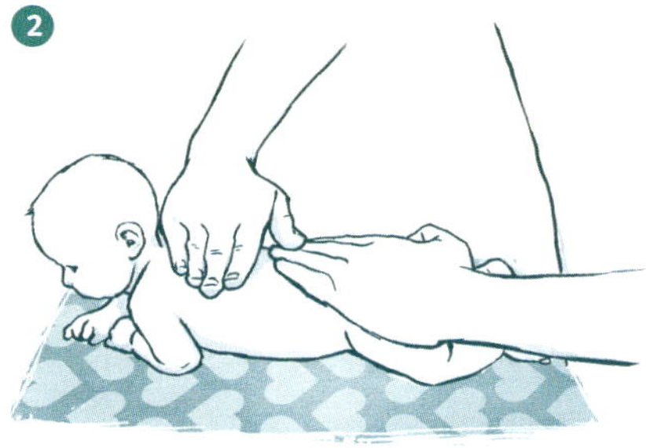

- Wiederholen Sie die sanfte Bauchmassage und das Streichen über den Rücken Ihres Babys noch einmal.
- Drehen Sie Ihr Kind nun wieder auf den Rücken. Umfassen Sie mit einer Hand einen seiner Oberarme und ziehen Sie Ihre Hand langsam den Babyarm entlang zur Hand des Babys hin (Bild 4).
- Bevor Sie den Kontakt zu seiner Hand lösen, umfassen Sie mit Ihrer anderen Hand wieder seinen Oberarm und ziehen Sie mit Ihrer Hand gleichermaßen zur Babyhand hin. Wiederholen Sie dies, so oft es Ihnen und Ihrem Kind passt. Achten Sie darauf, dass Sie beide Arme gleich behandeln!
- Wenden Sie die gleiche Technik auf die Beine Ihres Babys an. Auch dies, so oft es Ihnen beiden passt. Fertig!
- Lassen Sie diese vertrauliche Atmosphäre für Sie und Ihr Baby so sanft und ruhig wie möglich ausklingen. Wenn Sie auf den Geschmack gekommen sind, besuchen Sie doch mit Ihrem Kind einen Babymassagekurs!

3

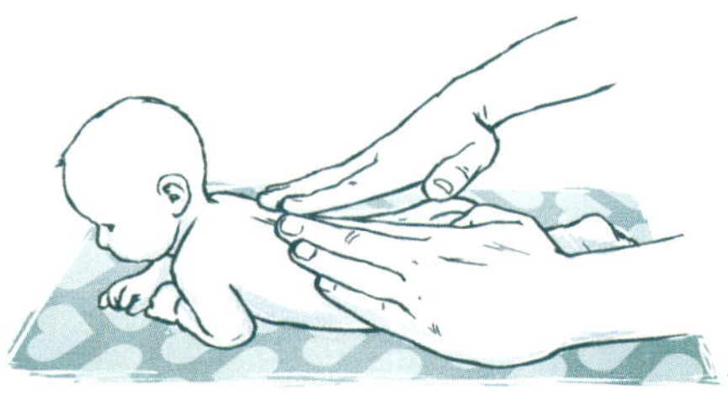

4

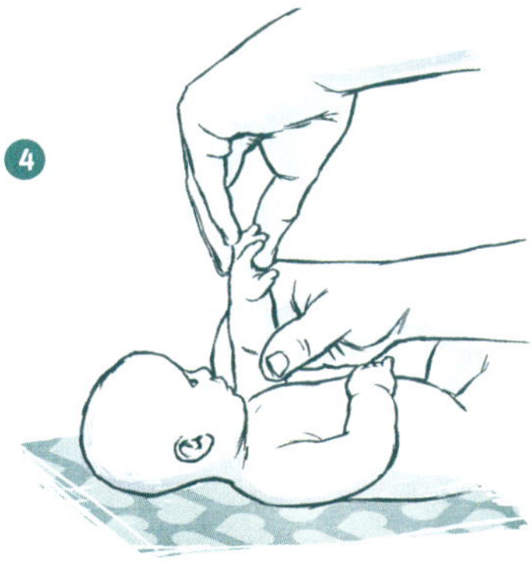

Vorsingen – **mitsingen**

Ihr Kind will Ihre Stimme hören! Sie können ihm Ihren gesammelten Schatz an Liedern darbieten. Ob Heino, Rossini-Arien oder Herbert Grönemeyer – Kinder lieben Musik, und Ihr Kind liebt Ihre Stimme. Sie müssen kein Opernstar sein – was zählt, sind Sie, Ihre Stimme, der Rhythmus und der Spaß. Notfalls können Sie statt selbst zu singen auch mal Musik aus der Konserve zusammen hören – wobei Mozart oder Bach besser geeignet sind als Techno oder Heavy Metal. Nehmen Sie Ihr Kind auf den Arm und tanzen Sie zur Musik.
Buchtipps und Internetadressen zu Liedern, Gedichten, Reimen und Abzählversen finden Sie im Anhang (siehe ab Seite 172).

»Ich singe immer als Einschlafritual und manchmal auch beim Spazierengehen. Mittlerweile fordert mich meine Tochter dazu auf, wenn ich es vergesse: ›Pa-pa-la-lalla-he-jo!‹«

OLAF, 38 | Vater von zwei Kindern

Noch **mehr Spiele** fürs erste Lebensjahr

Mit drei bis vier Monaten können sich Kinder für einige Minuten gut auf einzelne Beschäftigungen und Spiele konzentrieren. Regen Sie Ihr Kind zum Spielen an und spielen Sie mit ihm. Das geht ganz einfach. Spiele entstehen häufig ganz von selbst.

- Ab dem siebten Lebensmonat lieben Kinder »Bububu-Kuckuck-Spiele«. Legen Sie abwechselnd sich selbst und Ihrem Kind ein luftdurchlässiges Tuch, etwa eine saubere Mullwindel, über das Gesicht und ziehen Sie es ruckartig wieder weg – Ihr Kind wird vor Vergnügen quietschen!
- Spätestens mit etwa neun Monaten, wenn Ihr Kind anfängt zu krabbeln, wird es dabei Regalfächer und Schubladen entdecken und sie fleißig ausräumen. Unter Ihrer sorgsamen Aufsicht und Beteiligung kann Ihr Kind CDs, Bücher und sonstige Dinge ausräumen, begutachten und vielleicht auch wieder einräumen. Noch besser ist es, wenn Sie jetzt schon eine Kiste mit großen Bauklötzen haben.
- Sie können mit Ihrem Kind auch um die Wette krabbeln, es auf Ihrem Schoß reiten oder (ab etwa sechs Monaten) hüpfen lassen, Hoppe, hoppe, Reiter spielen … Der Fantasie sind keine Grenzen gesetzt. Achten Sie aber darauf, Ihr Kind nicht zu überfordern (siehe Kasten).

Tipp

Darauf sollten Sie **achten**

- Beim Hopsen, Spielen und Toben darf es gerne auch mal etwas wilder zugehen. Aber: Ihr Kind braucht auch Ruhe und Entspannung, um seine vielen Erlebnisse zu verarbeiten. Vor dem Schlafen sollte es deshalb noch Zeit haben, sich zu beruhigen. Sie werden bald erkennen, wann es Ruhe braucht.
- Lassen Sie es niemals allein mit kleinen Gegenständen spielen, die es verschlucken könnte, zum Beispiel Knöpfe, Murmeln oder Legosteine.
- Räumen Sie Ihre Wohnung und Ihre Schränke rechtzeitig so um, dass Ihr neugieriges krabbelndes Kind gefährliche Dinge nicht erreichen kann. Besorgen und installieren Sie rechtzeitig Schranktürblockierer und Kindersicherungen für Steckdosen. In Baby- und Baumärkten finden Sie passende Sets.
- Sichern Sie Innentreppen unten und oben mit Treppengittern!

Vielfältiges Angebot: **Eltern-Kind-Gruppen** und -Kurse

Eltern-Kind-Gruppen bieten Ihrem Kind Kontakt zu Gleichaltrigen, Anregungen und Fördermöglichkeiten und Ihnen den Austausch mit anderen Vätern und Müttern. Angebote gibt es flächendeckend. Krabbelgruppen, Spielgruppen, Babymassagekurse, Babyschwimmen und vieles mehr finden Sie im Angebot von Familienbildungsstätten, Hebammenpraxen und manchen Kliniken.

WIE AUF EINEM ANDEREN STERN?

Bei all den Kursen und Gruppen wäre sicher auch etwas für Sie und Ihr Kind dabei – doch leider können berufstätige Väter die meisten Angebote kaum wahrnehmen! Fast alle Gruppen treffen sich unter der Woche vor- oder nachmittags; Angebote am Abend oder am Wochenende gibt es bisher noch selten. Wenn ein Vater dann doch die Zeit findet, das Angebot einer Eltern-Kind-Gruppe wahrzunehmen, stellt er oft fest, dass er der einzige Vater in einer Runde von Müttern ist. Das muss kein Problem sein: Manche Väter fühlen sich »allein unter Frauen« durchaus wohl. Häufig werden sie als Teilnehmer sehr geschätzt, da sie neue Aspekte und Sichtweisen in die Gruppe bringen.

Andererseits berichten Väter immer wieder, dass sie sich von den Müttern beobachtet und manchmal auch bevormundet fühlen, was ihren Umgang mit ihrem Kind angeht. Wenn Sie tatsächlich einen Rat brauchen, kann es hilfreich sein, aus der Erfahrung der Mütter zu schöpfen. Wenn nicht, ist die Situation eine gute Gelegenheit für Sie, Ihr Vertrauen in sich selbst zu stärken und ungefragt erteilte Pflege-, Fürsorge- und Erziehungsratschläge dankend abzulehnen.

ANGEBOTE NUR FÜR VÄTER UND KINDER

Wenn klassische Elterngruppen, an denen hauptsächlich Mütter mit ihren Kindern teilnehmen, für Sie nicht in Frage kommen, machen Sie sich auf die Suche nach Vater-Kind-Angeboten. Informative Anlaufstellen sind Familienbildungsstätten, Familien- oder auch Mütterzentren, Mehrgenerationenhäuser, Jugendämter und Hebammenpraxen. Wenn Sie trotzdem nichts Geeignetes finden, dann:

- Wenden Sie sich an eine Familienbildungsstätte oder Volkshochschule in Ihrem Wohnort. Regen Sie Kurse für Väter an! Vielleicht rennen Sie dabei offene Türen ein. Eventuell werden Sie gleich gefragt, ob Sie selbst einen gestalten möchten …
- Vielleicht können Sie auch gemeinsam mit der Einrichtung kreativ werden, wenn es darum geht, bei Vätern für ein Angebot zu werben. Hängen Sie zum Beispiel Zettel an den Bäumen auf Spielplätzen auf: »Vater-Kind-Spielgruppe in der Familienbildungsstätte XY/in der Volkshochschule/in Eigenregie in der Innenstadt. Wer macht mit?«
- Rufen Sie die Väter aus Ihrem Geburtsvorbereitungskurs an und motivieren Sie sie, an einer Vater-Kind-Gruppe teilzunehmen, gemeinsam mit Ihnen als männliche Verstärkung in einen klassischen Eltern-Kind-Kurs zu gehen oder sich »einfach so« zu treffen und gemeinsame Aktivitäten mit Ihren Kindern zu planen.

Viele Leiterinnen von Familienbildungsstätten berichten übereinstimmend: Väter warten nur darauf, dass jemand den Anfang macht. Sie suchen genau danach, sich mit anderen Vätern zu treffen, um gemeinsam etwas mit Kindern unternehmen zu können, um Kontakt zu pflegen und zu knüpfen, um Erfahrungen auszutauschen.

»Wege entstehen dadurch, dass man sie geht.«

FRANZ KAFKA | Deutscher Schriftsteller (1883–1924)

ELTERN WERDEN, Paar bleiben

In den ersten Wochen und Monaten wird Ihr Kind Sie sehr beanspruchen. Es kann gut sein, dass die Zeit, die Sie früher als Paar für Gespräche, Nähe, Zärtlichkeit und Sex hatten, scheinbar in weite Ferne rückt. Damit diese Momente nicht zu sehr aus dem Bewusstsein und aus Ihrem Leben verschwinden, finden Sie in diesem Kapitel Anregungen, die Ihnen helfen, sich trotz aller neuen Herausforderungen als Eltern auch als Paar im Blick zu behalten.

LANDUNG IM FAMILIENALLTAG

Wenn sich nach der Geburt langsam der Familienalltag einstellt, merken viele, dass ihnen für sich selbst und als Paar deutlich weniger Zeit bleibt. Bei Ihnen ist das nicht so? Umso besser! Vielleicht ist Ihr Kind außergewöhnlich »pflegeleicht«, oder Sie haben gute Unterstützung. Dennoch wird sich auch Ihr Beziehungsleben verändern. Je nachdem, wie das Temperament Ihres Kindes ist, ob es einen leichten oder schwierigen Start ins Leben hatte, viel oder wenig weint, gesund oder krank ist, werden Sie als Eltern unterschiedlich stark beansprucht. Es gehört zu den schwierigsten Aufgaben junger Eltern, ihren Alltag und die Versorgung ihres Kindes zeitlich, emotional und körperlich in Einklang zu bringen. Dabei bleibt es nicht aus, dass der eine oder andere wichtige und lieb gewonnene Bereich zeitweilig zu kurz kommt. Dazu gehört leider sehr oft die Paarbeziehung, die Basis Ihrer Familie.

Wenn aus Paaren Eltern werden, entsteht ein neues Beziehungsgeflecht. Das ideale Bild ist das eines Dreiecks, in dem alle drei, Mutter, Vater und Kind, jeweils funktionierende Zweierbeziehungen miteinander haben, ohne neidisch zu sein oder sich zurückgesetzt zu fühlen.

In der ersten Zeit mit Kind sieht das aber oft anders aus: Häufig entwickeln Mütter eine engere Beziehung zum Kind als Väter, weil sie meist mehr Zeit mit ihm verbringen. So kann es gerade bei Vätern leicht zu Neid und Eifersucht kommen, wenn sie sich aus der Zweisamkeit von Mutter und Kind ausgeschlossen fühlen. Ebenso können Mütter neidisch auf die Zeiten sein, die Väter außerhalb der Familie verbringen. Um solche Gefühle gar nicht erst aufkommen zu lassen, ist es hilfreich, wenn auch Sie Zeit mit Ihrem Kind verbringen können, um Ihre Beziehung zu ihm zu pflegen und Ihrer Partnerin Freiräume zu verschaffen.

Selbst wenn Sie sich nicht »außen vor« fühlen, kann es eine große Umstellung bedeuten, die Zeit, die Sie vor der Geburt ausschließlich als Paar hatten, nun fast vollständig mit Ihrem Kind zu teilen. Die Freude über das Baby kann vieles ausgleichen. Doch viele Paare kommen mit dieser Umstellung nicht leicht zurecht und vermissen in den ersten Monaten mit Kind gemeinsame Aktivitäten wie Kino-, Konzert-, Saunabesuche oder Kneipenabende mit Freunden. Außerdem schlafen sie weniger, reden weniger miteinander, haben seltener Sex. Viele verlieren den inneren Kontakt zueinander und streiten sich häufiger. Die Folge: Sehr viele Paare trennen sich in den ersten Jahren nach der Geburt des ersten oder zweiten Kindes. Kaum jemand redet jedoch darüber, und so haben viele Paare das Gefühl »Nur uns geht es so«. Das stimmt nicht! Studien belegen: Kommunikation, Zärtlichkeit, Streitverhalten und Beziehungszufriedenheit verändern sich in der Familiengründungsphase dramatisch zum Negativen. So gaben Väter und Mütter, die in einer Studie (siehe Seite 173) vom letzten Schwangerschaftsdrittel bis zum 34. Lebensmonat ihres Kindes begleitet wurden, an …

- sich deutlich häufiger zu streiten.
- seltener und weniger intensiv miteinander zu kommunizieren.
- viel weniger körperliche Zärtlichkeiten auszutauschen (wobei die Tendenz dahin ging, dass Männer ihre Partnerin als »lustlos« und die Frauen ihren Partner als »drängend« beschrieben).
- unzufriedener mit dem Partner zu sein (wobei die Frauen 34 Monate nach der Geburt deutlich unzufriedener waren als die Männer).

Wenn Sie den Eindruck haben, dass andere Eltern es leichter haben: Fragen Sie diese, wie sie ihren Alltag gestalten. Oft steht hinter entspannten jungen Eltern ein gutes Unterstützungssystem aus Verwandten und Freunden. Lassen Sie sich ruhig ein paar Tipps geben, wie Sie sich ein ähnliches Netzwerk aufbauen könnten.

Versuchen Sie, den Überblick zu behalten: Ist das Beziehungsdreieck Mutter – Vater – Kind noch einigermaßen ausgeglichen? Dies im Auge zu behalten, sorgt für Zufriedenheit aller Familienmitglieder.

WARTUNG UND PFLEGE DER PAARBEZIEHUNG

Oft hilft es jungen Eltern, zu wissen, dass sie nicht allein sind: Auch bei vielen anderen Paaren leidet die Beziehung unter den Veränderungen, die das Elternsein mit sich bringt. Es ist jedoch sehr wichtig, dass Sie und Ihre Partnerin auch aktiv etwas dafür tun, dass Sie beide in Ihrer Beziehung zufrieden sind. Dann können Sie an der Herausforderung, Eltern zu sein, auch als Paar wachsen und Ihre Beziehung vor ernsten Schäden schützen. Die Energie, die Sie in die »Wartung und Pflege« Ihrer Paarbeziehung stecken, kommt nicht nur Ihnen, sondern auch Ihrem Kind zugute: Auch seine Entwicklung verläuft positiver, wenn es seine Eltern zufrieden und einander zugewandt erlebt. Es lohnt sich also mehrfach, etwas für Ihre Paarbeziehung zu tun!

Gegenseitige **Anerkennung** geben

Lob und Wertschätzung machen Menschen glücklich. Positives Feedback motiviert für neue Taten und große Aufgaben, ob im Berufs- oder Privatleben. Die Pflege der Zuneigung und Bewunderung füreinander ist eine der wichtigsten Grundlagen für eine stabile und befriedigende Paarbeziehung. Dies bestätigen Wissenschaftler wie etwa der amerikanische Psychologe John Gottman, der vor allem durch seine Arbeiten zur Stabilität von Paarbeziehungen bekannt wurde.

Gerade in der neuen Rolle als Vater oder Mutter, die anfangs oft Unsicherheiten mit sich bringt, ist es wichtig, den Blick auf das zu richten, was Sie gut machen. Väter wie Mütter fragen sich immer wieder:

- Bin ich ein guter Vater/eine gute Mutter?
- Bin ich ein guter Partner/eine gute Partnerin?
- Bin ich ein attraktiver Mann/eine attraktive Frau?

Beide wünschen sich nichts sehnlicher als positives Feedback. Aber im anstrengenden Alltag kommen aufbauende Rückmeldungen füreinander häufig zu kurz. Unter Stress geraten die schönen Momente, die kleinen Freuden, die Sie einander zu verdanken haben, allzu schnell in Vergessenheit. Deshalb es ist besonders wichtig, dass Sie sich gegenseitig Wertschätzung geben, möglichst ganz konkret und genau in jenem Moment, in dem Sie die Freude empfinden. Suchen Sie im Alltag nach Gelegenheiten, einander kleine Komplimente zu machen – oder nehmen Sie sich einmal extra Zeit dafür!

Tipp

Sich mit **Worten streicheln**

Nehmen Sie sich eine Stunde gemeinsam Zeit. Schaffen Sie eine gemütliche Atmosphäre, zum Beispiel mit Kerzenlicht und ruhiger Musik, die Sie beide mögen. Nehmen Sie sich jeweils drei Blätter Papier oder drei Karteikarten und schreiben Sie auf, was Sie am anderen schätzen.

Berücksichtigen Sie dabei drei Bereiche:

Was schätze, liebe, mag, bewundere ich an dir als ...

- Mann/Frau (Blatt 1).
- Partner/Partnerin (Blatt 2).
- Vater/Mutter (Blatt 3).

Schreiben Sie alles Positive auf, was Ihnen einfällt. Auch scheinbare Kleinigkeiten sind wertvoll! Für den jeweils anderen kann es ganz wichtig sein, dass manche Dinge einmal ausgesprochen werden: »Wirklich, das hast du bemerkt?«, »Wie schön, dass du das sagst« oder »Das ist mir noch nie an mir aufgefallen, aber jetzt, wo du es sagst ...«.

Wenn Ihnen die Übung gefällt, machen Sie sie in regelmäßigen Abständen oder immer dann, wenn Ihnen danach ist – sie kann jedes Mal neue, schöne Aspekte Ihrer Partnerschaft beleuchten oder bekannte unterstreichen.

WERTSCHÄTZUNG FÄNGT IM KLEINEN AN

»Schön, dass du für uns gekocht hast.« – »Danke, dass du mir geholfen hast, das Tragetuch auszuprobieren.« – »Vielen Dank für den freien Abend. Mit hat es sehr gutgetan, mal wieder zum Sport zu gehen.« Wenn es Ihnen aus dem Stand schwerfällt, Ihre Wertschätzung auf diese Weise auszudrücken, machen Sie eine kleine Übung: Lassen Sie abends den Tag kurz in fünf ruhigen Minuten Revue passieren:

- Denken Sie noch einmal an die Momente, in denen Sie sich heute gefreut haben. So »trainieren« Sie, Glücksmomente im Alltag bewusster wahrzunehmen.
- Denken Sie an die Personen, die daran beteiligt waren. So fällt es Ihnen leichter, Wertschätzung dafür auszudrücken.
- Geben Sie Ihrer Partnerin immer wieder Anerkennung. Bleiben Sie dabei authentisch und sagen Sie nur, was Sie wirklich meinen.
- Äußern Sie eventuelle Anliegen direkt statt als »getarnte« Bedingung von Wertschätzung (»Ich mag dich, wenn du …«).
- Wenn Sie sich Anerkennung und Wertschätzung für bestimmte Bereiche oder Dinge wünschen, bitten Sie darum. Das ist erlaubt. Ehrlich! Gehen Sie auch auf entsprechende Bitten Ihrer Partnerin ein.

Konstruktiv miteinander reden und streiten

Viele Paare vermeiden Streit, weil sie meinen, ein Streit wäre ein Zeichen dafür, dass es in der Beziehung schlecht läuft. Doch Streit gehört zu jeder Beziehung, auch und gerade zu jeder guten Beziehung. Es kommt auf das Wie an! Ein Schlagabtausch mit »Argument und Gegenargument« gehört nicht in ein wertschätzendes, partnerschaftliches Gespräch. Es geht nicht darum, ob einer Recht hat oder behält, oder gar, ob einer »gewinnt«. Es geht darum, Erfahrungen, Sichtweisen und Einschätzungen voneinander zu hören. So lernen Sie einander noch besser kennen und Sie verstehen einander besser. Argumente gehören zum negativen Streiten, sie sind echte Beziehungskiller.

Feste Zeiten für die Partnerschaft vereinbaren

In einer Zeit, in der sich so viel ändert, hat es sich bei vielen Paaren bewährt, sich feste Zeiten füreinander freizuhalten. Vereinbaren Sie einen Termin pro Woche. Zum Beispiel einen regelmäßigen Spaziergang am Sonntagnachmittag mit Kind, einen Abend, an dem ein Babysitter auf Ihr Kind aufpasst und Sie gemeinsam ausgehen. Oder ein Abend zu Hause, an dem der Fernseher und Computer aus und die Telefone stumm bleiben und Sie Aufmerksamkeit füreinander haben.
Im oft hektischen Alltag ist es beruhigend, zu wissen, dass Sie an einem festen Termin besprechen können, was Ihnen auf den Nägeln brennt. Sie können sich auch eine Themenliste machen. Beginnen Sie mit solchen regelmäßigen Gesprächen am besten bereits vor der Geburt Ihres Kindes. So können Sie den passenden Rahmen für sich suchen – schließlich bietet auch die Schwangerschaft schon genügend Gesprächsstoff.

- Verabreden Sie Rituale für einen klaren Anfang und ein eindeutiges Ende Ihrer Paargespräche.
- Berichten Sie sich zum Beispiel zu Beginn gegenseitig kurz, wie es Ihnen geht, worum Ihre Gedanken kreisen. Achten Sie dabei bewusst auch auf die positiven Dinge in Ihrem Leben.
- Blicken Sie gemeinsam kurz zurück auf die Zeit vom letzten Gespräch bis jetzt: »Was war gut, was hätte besser sein können?«
- Versuchen Sie vor allem, einander zuzuhören.
- Fragen Sie interessiert und ernsthaft nach, kommentieren Sie die Worte des anderen interessiert: »Wie meinst du das?« »Ach so, das wusste ich gar nicht, dass es dir so geht. Kannst du es mir noch genauer erklären?« »Ehrlich? Wow, so hatte ich das noch gar nicht gesehen!«
- Ist alles geklärt? Schauen Sie sich in die Augen und lassen Sie sich einen Satz durch den Kopf gehen wie »Zwischen dir und mir ist alles in Ordnung!«. Stimmt das? Gibt es noch etwas zu klären, jetzt oder später?
- Beenden Sie Ihr Gespräch damit, einander zu sagen, was Sie am anderen mögen, machen Sie einander Komplimente und tanken Sie sich auf diese Weise gegenseitig auf.

Tipp

Das **kleine 2 × 5** der **partnerschaftlichen Kommunikation**

Fünf Regeln zum Sprechen:

1. Reden Sie von sich!
Sagen Sie, was Sie sich wünschen, statt sich gegenseitig zu beschuldigen. Benutzen Sie das »Ich«, nicht das oft anklagend wirkende »Du«. Sagen Sie: »Ich ärgere mich, weil es keine Milch gibt« statt »Du hast die Milch vergessen! Du weißt doch, dass ich meinen Kaffee nicht ohne Milch mag!«.

2. Seien Sie offen und ehrlich!
Zeigen Sie sich, wie Sie sind – mit Ihren Stärken und Schwächen. Taktieren Sie nicht. Mit ehrlichen Menschen lebt es sich besser – das merken ganz besonders Kinder. »Ach, Mist! Ich habe die Milch vergessen. Entschuldige bitte« statt »Ähm, die Milch war ausverkauft«.

3. Konkreter Anlass, keine Verallgemeinerungen!
Bleiben Sie bei konkreten Situationen. Ein »immer« oder »schon wieder« löst meist Ablehnung aus und lenkt von dem ab, worum es Ihnen gerade geht. Vermeiden Sie also Aussagen wie: »Immer vergisst du die Dinge, die mir wichtig sind!«

4. Keine alten Geschichten!
Bleiben Sie bei aktuellen Ereignissen. Das Auftischen gesammelter Enttäuschungen steigert das Unwohlsein und lenkt vom eigentlichen Thema ab. »Letzte Woche hast du auch schon den Zucker vergessen …«

5. Verhalten ist nicht gleich Eigenschaft.
Aussagen wie »typisch …!« schreiben dem anderen negative Eigenschaften zu und lassen keinen Raum zur Veränderung. Bleiben Sie bei einem konkreten Verhalten. Die »Umwandlung« in Eigenschaften ist sehr verletzend und ruft Widerspruch hervor.

Fünf Regeln zum Zuhören:

1. Hören Sie aufmerksam zu, statt zu argumentieren!
Unterbrechen Sie sich nicht gegenseitig. Zeigen Sie durch Nachfragen Interesse. Fällt Ihnen das schwer, vereinbaren Sie Redezeiten von maximal drei Minuten, in denen jeweils eine/r redet und der/die andere zuhört.

2. Sagen Sie es in Ihren Worten.
Wiederholen Sie das, was Sie gehört haben, kurz in eigenen Worten. So vermeiden Sie Missverständnisse. Wenn Ihr Gegenüber nach Ihrem Empfinden nicht auf den Punkt kommt, fragen Sie nach. Vermeiden Sie Urteile oder Bewertungen!

3. Probleme wollen gehört werden.
Werden Probleme geäußert, versuchen Sie nicht, sie wegzureden, zu verharmlosen oder Ihre eigenen dagegenzuhalten. Es wird auch nicht immer eine Lösung von Ihnen erwartet. Allein ein offenes Ohr kann schon viel zu einer Klärung beitragen.

4. Einander Wertschätzung zeigen und gemeinsame Lösungen finden.
Loben Sie einander für Ihre Offenheit! Auch Ärger ist ein wichtiges Gefühl, durch das Sie viel voneinander lernen können. Insbesondere dann, wenn Ihnen nicht klar war, dass Ihr Verhalten oder Unterlassen Ihre Partnerin so ärgert, ist es gut, das zu sagen: »Tut mir leid, ich hab nicht dran gedacht. Gut, dass ich jetzt weiß, wie wichtig dir die Milch ist. Lass uns doch in Zukunft versuchen, gemeinsam daran zu denken …« So ein wohlwollender Umgang hilft Eskalationen zu vermeiden und gemeinsam Lösungen zu finden.

5. Bleiben Sie bei der Sache.
Wenn Sie etwas ablenkt, sagen Sie es möglichst sofort! Wenn Sie also nicht richtig zuhören können, sind Sie unaufmerksam. Sie können Wichtiges verpassen, und Ihr Gegenüber kann sich missachtet fühlen. Bitten Sie um eine Pause und beseitigen Sie die Störung.

Aufgaben- und **Zeitverteilung**

Vertrauen und gemeinsame Regeln sind eine wichtige Grundlage, um die mit der Geburt notwendige neue Aufgaben- und Zeitverteilung gut klären zu können. Wie Sie Ihre Aufgaben und Zeiten verteilen, hat großen Einfluss auf Ihre Partnerschaft. Wenn einer häufig das Gefühl hat, dass der andere viel mehr Zeit für sich, für die Kinder, Freunde oder Beruf hat, macht das auf Dauer unzufrieden. Eine Paarbeziehung lebt aber nicht zuletzt davon, dass beide Partner sich in ihr gut aufgehoben fühlen – und dazu gehört auch das Gefühl, seine Persönlichkeit, seine Interessen und Fähigkeiten leben zu können.

Viele kinderlose Paare verabreden heute eine weitgehend gleichberechtigte Aufgabenverteilung im Haushalt und beim Geldverdienen. Mit der Geburt des ersten Kindes ändert sich das aber nach wie vor bei vielen Eltern. Vielfältige Rahmenbedingungen, wie ein ungleiches Lohnniveau zwischen Frauen und Männern und teils auch der tief verwurzelte Irrglaube an eine naturgegebene Rollenverteilung, sorgen immer noch dafür, dass in den meisten Familien überwiegend die Mutter den Haushalt und die Kindererziehung übernimmt und der Vater der Erwerbsarbeit nachgeht. Dabei erleichtern es Elterngeld und Elternzeit in Deutschland vielen Vätern mittlerweile, eine klassische Rollenverteilung zumindest im ersten Lebensjahr des Kindes zu durchbrechen. So ist die Zahl von Vätern in Elternzeit in nur wenigen Jahren deutlich gestiegen und mit ihr die gesellschaftliche Akzeptanz von Erziehungszeiten für Väter.

Doch auch trotz dieser Regelungen erscheint die »klassische« Verteilung der Aufgaben vielen jungen Eltern zunächst als einfacher. Mittelfristig führen sie jedoch bei vielen Eltern zu Unzufriedenheiten: Mütter wollen ihr berufliches Engagement weiterverfolgen, und Väter wollen ihre Kinder nicht nur beim Aufwachen, Zubettgehen und am Wochenende erleben. Wie Sie sich als Vater stärker in der Erziehung engagieren können und was Sie, Ihre Partnerin, Ihre Kinder und Ihre Paarbeziehung dabei gewinnen können, erfahren Sie ab Seite 152.

Doch egal für welche Aufgabenverteilung Sie beide sich entscheiden: Es ist wichtig, dass Sie die Zeit als Familie bewusst planen und keine Modelle übernehmen, die Ihnen nicht entsprechen. Ihr Alltag war bisher sicherlich auch ohne Kinder gut ausgefüllt – mit der Geburt eines Kindes kommen viele neue Aufgaben hinzu. Nun heißt es umverteilen und in anderen Aufgabenbereichen kürzen, damit Sie und Ihre Partnerin ausreichend Zeit finden für Ihr Kind – und auch für sich selbst. Die Übung auf den nächsten beiden Seiten unterstützt Sie dabei, den Elternalltag bewusst zu planen, damit alle Familienmitglieder möglichst zufrieden durch den neuen Lebensabschnitt gehen können. Nutzen Sie möglichst die Zeit vor der Geburt für diese Planungen! Wenn Ihr Kind geboren ist, haben Sie dafür nur noch wenig Zeit. Dann gilt es vielmehr, Ihre Planungen an die nun eingetretene Realität des Lebens mit Kind anzupassen.

Zeit für Zweisamkeit schaffen

Viele junge Eltern klagen darüber, dass sie kaum noch Zeit für sich haben. Neben einer guten Zeitplanung helfen Ihnen noch weitere Alltagsstrategien dabei, sich nicht vom Elternsein »auffressen« zu lassen und sich auch gemeinsame Freizeit als Paar zu bewahren:

- Gewöhnen Sie Ihr Kind frühzeitig an weitere konstante Bezugspersonen, die Sie ab und zu »vertreten«.
- Suchen Sie Eltern mit etwa gleich alten Kindern in Ihrer Nähe, um mit Ihnen abwechselnd auf die Kinder aufzupassen.
- Richten Sie sich einen festen Paarabend in der Woche ein, der frei bleibt von Hausarbeit, Fernsehen, Computer und so weiter.
- Nutzen Sie hin und wieder einen Lieferservice, um die Zeit, die Sie fürs Kochen sparen, in Ihre Beziehung zu investieren.
- Solange Ihr Kind noch mit im Elternschlafzimmer schläft, nutzen Sie das Kinderzimmer als babysachenfreies Paarzimmer (siehe Seite 115).

Tipp

Zeitverteilung vor der **Schwangerschaft** und nach der **Geburt**

1. Schritt: Vor der Schwangerschaft

Laden Sie sich unter www.papa-handbuch.de/download die »Zeitkuchen« herunter und drucken Sie sich zwei Exemplare aus. Nun tragen Sie und Ihre Partnerin, jeweils getrennt voneinander, in der Tabelle auf Blatt 1 zunächst die Stunden pro Arbeitstag (ohne Wochenenden) in die erste Zeitspalte ein, die Sie für die jeweiligen Tätigkeitsbereiche vor der Schwangerschaft aufgewendet haben. Wenn Sie bestimmte Tätigkeiten nicht täglich ausführen, schätzen Sie einfach, wie viel Zeit diese auf einen Tag heruntergerechnet ausmachen würden.

Ordnen Sie in Abstimmung mit Ihrer Partnerin jedem Bereich eine Farbe zu und tragen Sie die Zeitabschnitte nun im Tortendiagramm ein, es hat 24 Stücke – eins für jede Stunde des Tages. So erhalten Sie einen grafischen Überblick über Ihre Zeitverwendung vor der Schwangerschaft.

2. Schritt: Nach der Geburt

Nun gilt es, die Versorgung Ihres Kindes mit einzuplanen. Tragen Sie daher in der Tabelle auf Blatt 2 ein, wie Sie sich wünschen, Ihre Zeit als Vater ab etwa zehn Wochen nach der Geburt aufzuteilen. Bedenken Sie: Ihr Kind braucht rund um die Uhr Betreuung, die Sie aber auch oft mit anderen Aufgaben kombinieren können. Es geht hier ausdrücklich um Ihre Wünsche und Vorstellungen – die Anpassung an die Realität kommt früh genug! Machen Sie diesen Schritt daher zunächst auch ohne Ihre Partnerin. Ordnen Sie die gleichen Farben wie auf Blatt 1 zu und tragen Sie die Zeiten wieder als farbige Tortenstücke in das Tortendiagramm für die Zeit nach der Geburt ein. Versuchen Sie nicht, akribisch nach Minuten zu rechnen, sondern machen Sie die Zuordnung spontan. Was zählt, ist Ihr Eindruck.

Beschreiben Sie nun Ihrer Partnerin die Übung. Geben Sie ihr je eine Kopie der Blätter 1 und 2. Wenn sie die Übung ebenfalls macht, haben Sie eine gute Grundlage für Ihre gemeinsame Zeit- und Aufgabenplanung. Wenn Sie beide Ihre Zeiteinteilung zunächst getrennt voneinander machen, vermeiden Sie, sich gegenseitig zu korrigieren. Achten Sie dabei beide besonders darauf, was Ihnen in Ihrem bisherigen (kinderlosen) Leben besonders wichtig für Ihre ganz persönliche Zufriedenheit und Ausgeglichenheit war (zum Beispiel Sport, Treffen mit Freunden).

3. Schritt: Passt alles zusammen?

Wenn Sie beide Ihre Diagramme fertig haben, setzen Sie sich zusammen und betrachten Sie Ihre Planungen für die Zeit mit Kind unter den folgenden Gesichtspunkten:

- Ist die Versorgung unseres Kindes zeitlich gewährleistet?
- Wie wollen wir die Familien- und Erwerbsarbeit aufteilen?
- Haben wir Zeit für uns als Paar eingeplant?
- Haben wir an individuelle Freizeit und Erholung gedacht?
- Wie zufrieden sind wir jeweils mit der Aufteilung?
- Wo können wir nachbessern? Wo ist zeitliche »Manövriermasse«?

Wenn Sie nur den leisesten Verdacht haben, dass an einer Stelle etwas nicht stimmt, planen Sie gemeinsam neu. Nutzen Sie hierfür Blatt 3 mit den gemeinsamen Tortendiagrammen, tragen Sie Ihre Namen ein und legen Sie zusammen los. Bedenken Sie, dass das Produkt, das Sie am Ende in der Hand halten, ein Abbild Ihrer Wünsche ist. Die Realität im Alltag mit Kind sieht oft ganz anders aus. Dennoch ist es gut, wenn Sie sich bewusst machen, was Ihnen bereits jetzt für Ihre Elternschaft wichtig ist. In Situationen, in denen Sie das Gefühl haben, »Das habe ich mir aber alles ganz anders vorgestellt!«, können Sie Ihre Planungen noch einmal zur Hand nehmen und gemeinsam überprüfen, wie Sie Ihren Wünschen ein Stück näher kommen können.

SEXUALITÄT NACH DER GEBURT

Schwangerschaft und Geburt können die Sexualität stark verändern, bei Frauen wie bei Männern. Wichtig ist, dass Sie sich gemeinsam auf die neue Situation einlassen. Sich frustriert oder überrumpelt zurückziehen hilft nicht. Offene Gespräche, Verständnis und Experimentierfreude sind jetzt angesagt.

Ursachen für Veränderungen

Manche Frauen fühlen sich bereits in der Schwangerschaft in ihrem veränderten Körper unwohl. Noch mehr Frauen geht es vor allem nach der Geburt so – und wer sich unwohl fühlt, hat meist wenig Lust auf Sex. Aber auch an der sexuellen Lust von Männern gehen Schwangerschaft und Geburt oft nicht spurlos vorüber.

KÖRPERLICHE UMSTELLUNG UND NEUORIENTIERUNG

Viele Frauen, die geboren haben, leiden noch Wochen und Monate unter den Folgen von Rissen oder Schnitten im Bereich von Scheide, Damm und Anus oder müssen sich von einem Kaiserschnitt erholen. Die Narben schmerzen, oder das Gewebe ist noch so empfindlich, dass die Frauen oft Angst vor Berührungen haben. Auch der Wochenfluss lässt bei vielen Paaren wenig sexuelle Lust aufkommen. Er ist in den ersten Tagen blutig-dickflüssig, bis er sich nach etwa drei Wochen zu einem hellbraunen Ausfluss wandelt und dann versiegt. Quelle des Wochenflusses ist die Wunde in der Gebärmutter, die durch die Ablösung der Plazenta entstanden ist.

Während der Zeit der körperlichen Heilung haben viele Frauen wenig oder kein Verlangen nach sexuellen Aktivitäten und sind eher empfänglich für liebevolle Sorge und Pflege und Streicheleinheiten außerhalb des Genitalbereichs. Sollten Sie aber beide bald nach der Geburt wieder Lust auf Sex haben, müssen Sie sich vom Wochenfluss nicht abhalten lassen. Er besteht aus Schleim und Blut. Beides kommt direkt aus dem Körper und ist, wenn keine Krankheiten vorliegen, sauber. Aber: Durch die Geburt hat Ihre Partnerin noch offene Wunden, feine Haarrisse im Bereich der Schamlippen und insbesondere in der Gebärmutter. In diese Wunden sollten keine Keime gelangen. Deshalb seien Sie beide, wenn Sie in den ersten Tagen und Wochen nach der Geburt miteinander schlafen wollen, sehr gründlich mit Ihrer Körperhygiene Benutzen Sie zudem vorsichtshalber ein Kondom, um Ihre Partnerin vor Infektionen zu schützen.

NEUE FREUDEN, NEUE SORGEN

Auch können sich erogene Zonen verändern: Eine stillende Brust kann empfindlich-erogen oder überempfindlich-unerogen sein.
Grundsätzlich gilt: Sobald Sie beide Lust auf Sex haben, ist auch sehr bald nach der Geburt erlaubt, was gefällt. Seien Sie jedoch behutsam miteinander und machen Sie nichts, ohne es vorher gemeinsam abzustimmen. So vermeiden Sie unangenehme Überraschungen, körperliche und seelische Verletzungen.
Denken Sie außerdem auch daran, dass Ihre Partnerin schon kurz nach der Geburt wieder fruchtbar sein kann!
Viele Frauen brauchen nach der Geburt längere Zeit, um sich in ihrem Körper wieder »zu Hause« zu fühlen und ihn in seiner vielleicht veränderten Form anzunehmen und lieben zu lernen. Manche Frauen fühlen sich in den ersten Wochen und Monaten nach der Geburt dick und unattraktiv und auf die Funktion als »Versorgungseinheit« reduziert. Wer mit sich selbst so unzufrieden ist, befürchtet meist offene, verdeckte oder auch unterdrückte Kritik anderer. Viele Frauen haben daher Angst vor intimen, sexuellen Situationen, weil sie fürchten, ihrem Partner nicht mehr zu gefallen und für ihn unattraktiv zu sein.

Oft kritisieren Frauen an sich selbst herum, wo es scheinbar nichts zu kritisieren gibt. Kleine »Makel« sind dem Partner oft egal, gar nicht bewusst, oder er findet sie sogar anziehend. Sagen Sie Ihrer Partnerin spontan immer wieder, was Sie an ihr schön finden, dass Sie sich gut anfühlt, gut duftet, ihre Stimme toll klingt … und dass Sie sie lieben. Wissenschaftler haben festgestellt: Werdende Väter nehmen während der Schwangerschaft der Partnerin durchschnittlich vier Kilo zu. Die Gründe dafür sind unklar: Kommen die Männer mehr zur Ruhe, joggen abends eine Runde weniger und trinken ein Bier mehr? Sind hormonelle Veränderungen der Grund? Jedenfalls gilt für Sie beide: Akzeptieren Sie sich, wie Sie sind. Nehmen Sie die Veränderungen, die Schwangerschaft, Geburt und erste Zeit mit Kind mit sich bringen, liebevoll an!

SEELISCHE NARBEN UND SCHLECHTES GEWISSEN

Wenn der Stress der Geburt und die damit oft verbundenen existenziellen Sorgen für Sie sehr belastend waren, können bei Ihnen beiden seelische Narben zurückbleiben. Auch diese können es schwer machen, sich im eigenen Körper und mit der gemeinsamen Sexualität wieder zurechtzufinden. Manche Männer, die die Geburt ihres Kindes miterlebt haben, sind erstaunt und schockiert darüber, welche Schmerzen ihre Partnerin bei der Geburt aushalten musste. Sie fühlen sich mitverantwortlich für die Unannehmlichkeiten, die sie durchstehen musste, was manchmal auch die eigene sexuelle Lust dämpft.

LUSTDÄMPFER »BABYBLUES«

Dass eine vom »Babyblues« (ab Seite 116) betroffene Frau über einen mitunter langen Zeitraum wenig sexuelles Interesse zeigt, mag für ihren Partner zusätzlich hart sein. Aber durch ungeduldiges Fordern entfernen Sie sich eher von Ihrem »Ziel«. Versuchen Sie stattdessen zu einem angenehmen Ambiente und zu einer »warmen« Atmosphäre für Sie als Paar beizutragen. Zeigen Sie Ihrer Partnerin in einer positiven Grundstimmung, dass Sie sie attraktiv finden, ohne sie zu drängen.

Wenn Sie das Gefühl haben, dass durch das Auseinanderdriften Ihrer gemeinsamen sexuellen Bedürfnisse Ihre Partnerschaft gefährdet ist, zögern Sie nicht, professionelle Hilfe in Anspruch zu nehmen. Einige Adressen und Internet-Tipps finden Sie ab Seite 173.

SCHLAFENTZUG UND ALLTAGSSORGEN ALS LUSTKILLER

Werden Sie als Eltern nachts stark von Ihrem Kind gefordert, wirken sich Ihre Müdigkeit und die Ihrer Partnerin auch auf Ihre sexuelle Lust aus – wer tobt schon gerne völlig übermüdet durch die Betten?
Wenn Sie einmal zeitgleich Lust aufeinander haben, kann es passieren, dass Ihr Kind aufwacht und Ihre Aufmerksamkeit einfordert. Das kann fürchterlich nerven, geht aber vorbei. Wenn die Geburt Ihres Kindes mit zusätzlichen Belastungen, wie etwa einem Umzug oder beruflichen Veränderungen, zusammenfällt, wird auch dies nicht spurlos an Ihrer Sexualität vorübergehen.
Falls Sie als Eltern also sexuell weniger aktiv sind als früher, dann machen Sie sich keine Sorgen: Sie sind normal!

Am Ball und **im Gespräch bleiben**

Wenn Sie oder Ihre Partnerin sich körperlich und sexuell vernachlässigt fühlen, überlegen Sie gemeinsam, was und wie viel an Sexualität Ihnen beiden gut tun würde. Dabei ist es wichtig, behutsam miteinander umzugehen, einander weder zu drängen noch für Wünsche zu verurteilen. Versuchen Sie beide so offen wie möglich miteinander zu sein. Stellen Sie Ihr Gespräch unter das Motto: »Alle Wünsche sind okay. Das heißt aber nicht, dass ich sie befriedigen muss!«
Schaffen Sie sich deshalb regelmäßig gemeinsam Raum für Ihre Sexualität. Nehmen Sie sich Zeit, sich langsam und behutsam wieder aneinander heranzutasten. Um sich die Leichtigkeit und die Lust am »Probieren« zu erhalten, ist es ganz wichtig, die gegenseitigen und die eigenen Grenzen zu respektieren und in liebevollem Ton mitzuteilen.

GEMEINSAME FORSCHUNGSREISEN

Sehen Sie es als gemeinsame Herausforderung, sich und Ihre Partnerin nach der Geburt Ihres Kindes sexuell neu zu entdecken. Verbünden Sie sich zu einem Forschungsteam, das eine Expedition in ein früher oft besuchtes Land wagt, welches sich inzwischen verändert hat. Dafür sollten Sie Absprachen treffen. Um sich selbst und Ihre Partnerin zu entlasten und einen gemeinsamen Ausgangspunkt für Ihre Forschungsreise zu schaffen, sollten Sie gemeinsam klare Regeln festlegen. Regeln geben Ihnen beiden Sicherheit und machen es möglich, auch einmal die »Reißleine« zu ziehen, ohne dass die Expedition zu scheitern droht.

Tipp

Anregungen für die **gemeinsame Sexualität**

- Körperkontakt muss nicht sexuell sein! Wenn Sie einander zum Beispiel zärtlich massieren, sollte das mit Entspannung und nicht mit Forderungen verbunden sein, die eine(r) nicht erfüllen mag oder kann.
- Es ist in Ordnung, zu jedem Zeitpunkt und ohne schlechtes Gewissen aus dem Liebesspiel auszusteigen.
- Erotik kann weit mehr sein als das bisher Gewohnte. Auch die sexuelle Spannung bei einer erotischen Begegnung nicht zu »entladen«, sondern sie in sich zu behalten kann eine sehr bereichernde Erfahrung sein.
- Diese Haltung zur Sexualität ist hilfreich: »Es tut gut, zu wissen, dass ich begehrt werde, und ich muss dafür keine Gegenleistung erbringen.« »Ich muss mich für meine Lust oder Unlust nicht schämen. Sie ist da, sie ist okay und gemeinsam machen wir das Beste draus.«
- Äußern Sie Unstimmigkeiten möglichst direkt, aber behutsam, ohne anzuklagen. Sprechen Sie immer von sich: »Ich mag nicht, wenn ...«, »Es tut mir weh, wenn ...« statt »Wenn du ... machst, finde ich das blöd«.

LASSEN SIE SICH UND IHRER PARTNERIN ZEIT

Sex soll Spaß machen und keine Last sein! Die folgenden Tipps können Ihnen helfen, sich einander langsam wieder anzunähern.

- Überlegen Sie, wie Sie die Schwangerschaft und die Geburt erlebt haben und welche Ereignisse Ihre Sexualität beeinflussen.
- Seien Sie offen und spielen Sie miteinander.
- Gehen Sie neugierig, aufgeschlossen und wertschätzend auf Veränderungen in Ihrem Leben ein. Dazu gehört auch, sich vorsichtig, rücksichts- und liebevoll wieder körperlich anzunähern.
- Verabreden Sie feste Abende, die Sie Ihrer Sexualität widmen – das heißt nicht, dass Sie dann miteinander schlafen müssen (siehe Seite 158).
- Gehen Sie vorbehaltlos und ohne Erwartungen in diese Abende. Freuen Sie sich über das, was Sie gemeinsam erleben und voneinander erfahren.
- Geben Sie sich gegenseitig Wertschätzung! Auch wenn Sie derzeit unzufrieden sind – Sexualität ist nur ein Teil Ihrer Beziehung.
- Vorsicht vor Seitensprüngen und käuflicher Liebe. Wie wird Ihre Partnerin dazu stehen? Wollen Sie Geheimnisse vor ihr haben, die Ihre Beziehung belasten?
- Wenn Sie zu Hause nicht entspannen können, organisieren Sie einen Babysitter und gehen Sie zusammen in ein schönes Hotel.
- Gehen Sie offen mit Selbstbefriedigung um. Vielleicht können Sie es in Ihr gemeinsames Liebesspiel integrieren, sich auch selbst zu streicheln? Es ist aber auch völlig o.k., dabei diskret für sich zu bleiben. Vielleicht hilft es Ihrer Partnerin auch, wenn Sie sie ermutigen, ihre Sexualität erst einmal für sich allein neu zu entdecken.
- Für den Sex allein und zu zweit gibt es eine Menge Hilfsmittel und Spielzeuge. Seien Sie mutig, probieren Sie mal was Neues aus.
- Anbieter von Frauen-, Männer- und Paarseminaren zum Thema Sexualität, die helfen können, den »Fluss von Liebe und Sex« wieder ins Fließen zu bringen, finden Sie im Anhang (siehe Seite 173).
- Ihnen als Mann kann auch ein Gespräch mit einem guten Freund helfen, Ihrer Partnerin ebenso ein Gespräch mit einer guten Freundin.

Väter

ZWISCHEN FAMILIE, BERUF UND FREIZEIT

Die meisten Väter wollen heute mehr Zeit mit ihren Kindern verbringen und mehr sein als Abend- und Wochenendpapas. Doch trotz neuer Möglichkeiten durch die Elternzeitregelung ergibt sich meist die »klassische« Rollenverteilung: Der Vater ist für den Großteil des Familieneinkommens zuständig. Das verursacht bei vielen Vätern Stress – und auch ein Gefühl der Zerrissenheit, da sie einerseits ihre Arbeit gewohnt gut machen wollen, andererseits aber viel mehr Zeit mit ihrem Kind verbringen möchten. Wie Sie Arbeit, Familie und Freizeit besser unter einen Hut bekommen, erfahren Sie in diesem Kapitel.

UNTER EINEM HUT: FAMILIE UND BERUF

Mehr als zwei Drittel aller Väter in Deutschland sehen sich in erster Linie als Erzieher und guter Begleiter ihrer Kinder und erst in zweiter Linie als Ernährer der Familie (siehe Seite 173). Dennoch sind es nach wie vor meist die Väter, die den Löwenanteil des Familieneinkommens erwirtschaften. Oft kommen sie unter der Woche erst zur Gutenachtgeschichte heim oder finden ihr Kind schon schlafend vor. Auch ist es oft schwer, sich nach einem stressigen Arbeitstag noch dem Kind zuzuwenden. Viele Väter fühlen sich zerrissen zwischen dem Wunsch, aktiv Vater zu sein, und der Notwendigkeit, durch einen möglichst erfüllenden Beruf den Lebensunterhalt ihrer Familie zu sichern. Sie haben die Rolle des (Haupt-)Versorgers ein- und angenommen, und dafür gibt es verschiedene Gründe: Männer verdienen (selbst bei gleichen Aufgaben) immer noch meist mehr als Frauen. Den Wunsch, den Beruf nicht aus dem Blick zu verlieren, und die Angst, berufliche Chancen zu verpassen, haben Männer wie Frauen – doch oft bleibt die Frau zu Hause, weil die Familie auf das höhere Einkommen des Mannes nicht verzichten kann, sowie auch aus praktischen Erwägungen, etwa in der Stillzeit. Hinzu kommt, dass Männer in Gesellschaft und Betrieb auch heute noch anecken, wenn sie sich entschließen, in Elternzeit zu gehen oder Teilzeit zu arbeiten. Die Akzeptanz dafür ist aber seit der Einführung von Elterngeld und Partnermonaten deutlich gestiegen.
Letztlich muss ein Paar gemeinsam entscheiden, wer mit dem Kind zu Hause bleibt und wer arbeiten geht. Teilzeitlösungen für beide wären ideal, erfordern aber viel Abstimmung. Dass meist die Mutter die Erwerbstätigkeit zumindest unterbricht und der Vater das Familieneinkommen sichert, ist in der Regel purer Pragmatismus – auch wenn dieser viele Männer und Frauen mit den Zähnen knirschen lässt.

Vermeiden Sie **»Ernährer-Fallen«**

Die »Ernährer-Falle« droht dann zuzuschnappen, wenn Sie langfristig in die althergebrachte Rolle des Haupt- oder Alleinverdieners schlüpfen, ohne dies wirklich zu wollen. Die Familie zu finanzieren ist zweifellos eine wichtige Aufgabe. Doch wenn Sie sich dafür im Alltag so gut wie nie um Ihr Kind kümmern können, kann Dauerfrust die Folge sein – für die gesamte Familie. Mit der »Ernährer-Falle« geht zudem meist die »Hausfrau-und-Mutter-Falle« einher. Die meisten Frauen haben bis zur Geburt ihres Kindes im Beruf ihre Frau gestanden. Daher kann auch Ihre Partnerin auf Dauer unzufrieden werden. Ergebnisse aus der Familienforschung belegen eindeutig: Je partnerschaftlicher die Arbeitsteilung in der Familie, desto zufriedener sind alle Beteiligten: Väter, Mütter, Kinder. Versuchen Sie deshalb, die Voraussetzungen dafür so gut wie möglich zu schaffen!
Auch die (leidvollen) Erfahrungen vieler Scheidungsväter zeigen, dass es sinnvoll ist, Erwerbs- und Familienarbeit möglichst ausgewogen zu verteilen: Auch wenn viele es schaffen, sich auch nach einer Trennung als gemeinsam erziehend zu begreifen, leben Kinder meist überwiegend bei dem Elternteil, der sich vor der Trennung hauptsächlich um sie gekümmert hat – nach dem »klassischen« Modell die Mutter. Vätern, die vorher einen intensiven Kontakt zu den Kindern hatten, fällt es leichter, diesen auch nach einer Trennung aufrechtzuerhalten.

SO TAPPEN SIE NICHT IN DIE FALLE

→ Selbst wenn Sie sich gemeinsam bewusst für die »klassische« Aufgabenverteilung entschieden haben: Sehen Sie dies nicht als unumstößlich an. Stellen Sie es ab und an auf den Prüfstand: »Sind wir beide noch zufrieden?« Sprechen Sie andere Modelle durch, etwa dass Ihre Partnerin nach einer »Pause« zurück in den Beruf geht und Sie zu Hause bleiben oder dass Sie beide je zur Hälfte in Elternzeit gehen. Auch die Teilzeitmöglichkeiten des Elternzeitgesetzes helfen dabei, dass für Sie beide aus beruflicher Auszeit keine »Rauszeit« wird!

- Planen Sie nicht für die Ewigkeit. Kinder wachsen schnell, und Ihre Situation kann sich auch verändern. Es kann sehr entlasten, nicht allein für den Familienunterhalt verantwortlich zu sein.
- Überlegen Sie, ob ein Karrieresprung im ersten Lebensjahr Ihres Kindes wirklich sein muss. Nehmen Sie sich Zeit für Ihre »Karriere als Vater« und genießen Sie diese. Diese Chance kommt nicht wieder!
- Überdenken Sie Ihr Arbeitspensum. Falls Sie Ihre berufliche Situation ändern möchten, sprechen Sie am besten so früh wie möglich mit Ihrem Arbeitgeber. Bereiten Sie sich auf dieses Gespräch gut vor und gehen Sie mit konkreten Lösungsvorschlägen hinein.
- Teure Anschaffungen können warten, Zeit für Baby und Familie können Sie jedoch nicht aufschieben. Nicht dauernd an die Finanzierung von Anschaffungen denken zu müssen entlastet Sie auch psychisch.
- Besprechen Sie mit Ihrer Partnerin:
  - Wer betreut wann das Kind/die Kinder?
  - Wer übernimmt welche Aufgaben im Haushalt?
  - Wie viel Geld brauchen wir zum Lebensunterhalt und für Zukunftspläne, und wer soll und kann welchen Anteil davon erwirtschaften?
  - Wer ist wann und wie viel berufstätig (Teilzeit/Vollzeit)?
  - Wie wollen Sie die Elternzeit aufteilen?

Erfahrungsbericht

Frank, 35, zwei Kinder

Ich habe im Rahmen der Elternzeitregelung meine volle Stelle um die Hälfte reduziert. Neulich war ich freitagmorgens im Supermarkt und habe mit meinen Kindern den Wochenendeinkauf gemacht. Wir trafen einen Bekannten. Zur Begrüßung fragte er mich: »Hallo, Frank! Na, hast du heute auch frei?« »Nicht wirklich«, sagte ich. »Ich schmeiße heute den Haushalt, wie auch die restliche halbe Woche.«

Tipp

Gute Planung: für Selbstständige besonders wichtig

Was die Vereinbarkeit von Familie und Beruf angeht, haben es Freiberufler und Selbstständige in finanzieller Hinsicht schwerer. Schließlich sind ihre Einkünfte unmittelbar abhängig vom geleisteten Arbeitspensum. Es gibt keine Lohnfortzahlung und für Mütter kein Mutterschaftsgeld (Ausnahme: Pflichtversicherte in der Künstlersozialkasse). Hinzu kommt die Gefahr, dass Kunden abspringen, wenn man sein Pensum vorübergehend reduziert. Die Selbstständigkeit mit Kind in den ersten Jahren »rechnet« sich selten. Doch nach einer Pause wieder von vorn anzufangen ist oft teurer! Planen Sie deshalb strategisch:

- Stellen Sie gemeinsam einen Zeitplan auf, aus dem klar hervorgeht, wie viel und welche Zeiten jeder für Beruf, Kinderbetreuung und Haushalt einplanen kann. Nehmen Sie in den Plan auch den Zeitbedarf für Freizeit, Hobbys, Schlafen und Beziehungspflege auf!
- Welche Aufgaben können andere regelmäßig übernehmen, etwa Verwandte, befreundete Eltern, Tagesmutter etc.? Informieren Sie sich bei Sozialamt und Familienzentren nach Betreuungsformen und Kostenübernahme.
- Klären Sie mit Ihren Kunden die Zeiten, zu denen Sie zuverlässig erreichbar sind und in Ruhe kommunizieren können. Bei einer bisher guten Zusammenarbeit wird man Ihnen sicher entgegenkommen!
- Nutzen Sie Kontakte zu Berufskollegen: Wer könnte Aufgaben zuverlässig übernehmen? Wichtig sind präzise Vereinbarungen mit den Vertretungen!
- Gibt es bei Ihrer Krankenversicherung günstigere Tarife? Können Sie gemietete Büroräume untervermieten? Lassen sich Sparverträge zeitweise aussetzen? Lassen sich Mitgliedsbeiträge bei Vereinen einsparen?
- Selbstständige haben übrigens denselben Anspruch auf Elterngeld (siehe Seite 166) wie abhängig Beschäftigte. Berechnungsgrundlage ist der letzte Steuerbescheid. Die Regelungen sind kompliziert: Vereinbaren Sie früh eine Beratung bei Ihrem Steuerberater und der zuständigen Elterngeldstelle.

Elterngeld und Elternzeit

Seit dem Jahr 2007 gilt in Deutschland das Bundeselterngeld- und Elternzeitgesetz. Es bietet frischgebackenen Müttern und Vätern die Möglichkeit, ihre Berufstätigkeit zu unterbrechen oder auch zu reduzieren. Elterngeld als Einkommensersatzleistung hat sich bereits vielfach als Chance für Väter bewährt, im ersten Jahr mehr Zeit für das eigene Kind zu haben. Studien zeigen, dass es in aller Regel keine beruflichen Beeinträchtigungen mit sich bringt, wenn Väter Elterngeld und damit Elternzeit nutzen. Es lohnt sich – für Sie und für Ihr Kind!

In den ersten 12 beziehungsweise 14 Lebensmonaten eines Kindes ersetzt das Elterngeld 65 bis 67 Prozent des vorherigen Nettoeinkommens. 14 Monate Elterngeld bekommen Eltern, wenn jeder Elternteil mindestens zwei Monate in Anspruch nimmt.

Anspruch auf Elterngeld haben Väter und Mütter, die …

- Elternzeit (max. 36 Monate pro Elternteil) wahrnehmen,
- nicht mehr als 30 Stunden in der Woche erwerbstätig sind,
- mit ihren Kindern in einem Haushalt leben und
- ihren Wohnsitz in Deutschland haben.

Maßgebend für die Höhe des Elterngeldes ist das Einkommen der letzten 12 Monate vor der Geburt des Kindes. Nicht erwerbstätige Elternteile erhalten einen Sockelbetrag von 300 Euro monatlich.

Sie können in Elternzeit auch Teilzeit erwerbstätig sein und Ihre Arbeitszeit auf 15 bis 30 Wochenstunden verringern. So können Eltern auch zeitgleich Elternzeit nehmen und dabei jeweils bis zu 30 Wochenstunden erwerbstätig sein.

Durch das »ElterngeldPlus« für ab dem 01.07.2015 geborene Kinder haben sich die Möglichkeiten, im Elterngeldbezug Teilzeit zu arbeiten, verbessert. Volle »BasisElterngeld«-Monate können in einer Höhe von maximal der Hälfte des Elterngeldbetrages, der Ihnen ohne Teilzeiteinkommen zustünde, ausgezahlt und damit der Auszahlungszeitraum verdoppelt werden. Eltern könnten so zum Beispiel 14 Monate parallel »ElterngeldPlus« beziehen, jeweils ca. 50% des für die Elterngeldbe-

rechnung herangezogenen Nettoeinkommens hinzuverdienen, und im doppelten Zeitraum die gleiche Summe Elterngeld erhalten, als würden sie »BasisElterngeld« beziehen. Die Umwandlung in »ElterngeldPlus-Monate« ist jedoch auch ohne Teilzeiterwerbstätigkeit möglich.
Eltern, die nach dem Bezug von »BasisElterngeld« oder »Elterngeld-Plus« beide gleichzeitig zwischen 25 und 30 Wochenstunden erwerbstätig sind, können zusätzlich je vier weitere Monate »ElterngeldPlus« beantragen (»Partnerschaftsbonus«). Ab dem 15. Lebensmonat muss hierfür jedoch von einem Elternteil durchgehend Elterngeld bezogen worden sein.
24 der 36 Monate Elternzeit können Sie auch zwischen dem dritten und achten Geburtstag des Kindes in Anspruch nehmen, ohne dass der Arbeitgeber zustimmen muss. Die Ankündigung der Elternzeit beim Arbeitgeber muss dann 13 Wochen vorher schriftlich erfolgen.
Die Regelungen können wir hier nur gekürzt darstellen. Weitere, Informationen finden Sie im Internet und bei Beratungsstellen (Seite 172 ff), auch über ähnliche Regelungen in Österreich und in der Schweiz.

ELTERNZEIT ANKÜNDIGEN UND AUSHANDELN

Arbeitgeber schätzen es, rechtzeitig zu erfahren, dass ein Mitarbeiter in Elternzeit gehen will. Erweiterten Kündigungsschutz haben Sie erst ab der achten Woche vor Beginn der Elternzeit. Wägen Sie deshalb ab: Wenn Sie sich in Ihrem Arbeitsverhältnis sicher fühlen, kann es hilfreich sein, die Elternzeit zumindest Ihrem direkten Vorgesetzten schon vor dieser Frist anzukündigen. Sind Sie dagegen unsicher, wie Ihr Arbeitgeber reagieren wird, halten Sie die Frist besser ein. In jedem Fall ist es gut, wenn Sie sich bereits vorab Gedanken machen, welche Arbeiten und Projekte Sie vor Ihrer Elternzeit erledigen können, was von wem während Ihrer Elternzeit abgedeckt werden und was eventuell liegen bleiben kann.

Zufriedene Väter: **ein Gewinn** fürs Unternehmen!

Einer großen betriebswirtschaftlichen Studie zufolge (siehe Seite 173) profitieren Unternehmen langfristig von familienfreundlichen Maßnahmen. Spezialisierte Unternehmensberater versuchen, mit diesem Wissen als Grundlage Firmen für mehr Väterfreundlichkeit zu gewinnen.

GESPRÄCHE MIT VORGESETZTEN UND KOLLEGEN

- Väter, die Familie und Beruf besser vereinbaren können, sind besonders motivierte Mitarbeiter. Sie gehen lieber zur Arbeit, schätzen ihre Firma mehr – und leisten deshalb auch mehr.
- Väter, die sich um die Vereinbarkeit von Familie und Beruf keine Sorgen machen müssen, sind konzentrierter und deshalb leistungsfähiger. Flexible Arbeitszeiten tragen dazu bei.
- Väter erwerben im Umgang mit ihren Kindern wichtige Fähigkeiten, die ihnen im Beruf zugutekommen: »soft skills« – die sogenannten Schlüsselqualifikationen und Führungskompetenzen. Sie müssen Wichtiges von Unwichtigem unterscheiden, schnell Prioritäten setzen und entscheiden. Ein Beispiel: Ihr Kind schreit. Sie müssen schnell herausfinden, was die Ursache ist. Hat das Kind Schmerzen, hat es Hunger, ist es müde? Zügige Analyse, gegebenenfalls mittels eines einfühlsamen Interviews, ist gefragt, und dann schnelles, lösungsorientiertes Handeln.
- Väter, die sich auch zu Hause engagieren, können sich besser auf mehrere Dinge gleichzeitig konzentrieren (»Multitasking«). Wer den Tag mit Kindern verbringt, ist fast ständig mehrfach gefordert.
- Väter vergrößern in ihrer Familienarbeit ihre »emotionale Intelligenz«. Im Umgang mit Ihrem Kind ist ständig Empathie gefragt, also die Fähigkeit, sich in einen anderen Menschen einzufühlen.
- Zusammengefasst: Mit flexibleren Arbeitszeitlösungen und einer väterfreundlichen Firmenkultur können »Win-win-Lösungen« erzielt werden: Mitarbeiter und Unternehmen gewinnen.

So schaffen Sie **Zeit für Ihr Kind**

ZEITFENSTER FESTLEGEN

Zum Zeitmanagement gehört, Wichtiges von Unwichtigem zu unterscheiden, das heißt, Prioritäten zu setzen. Geben Sie der Zeit für Ihr Kind eine hohe Priorität. Am besten machen Sie dafür drei rote Ausrufezeichen im Terminkalender. Aber wann? Schauen Sie sich Ihren Wochen- und Monatsplan an. Sie kennen Ihre Arbeitswoche mit ihren Rhythmen, festen Terminen, den Trubelphasen … Dann wissen Sie auch, wann weniger los ist und wann Sie flexibler sind.

Wenn Sie etwa an zwei Arbeitstagen in der Woche zur gängigen Feierabendzeit das Büro verlassen können: wunderbar! Dann markieren Sie diese Termine für einige Wochen im Voraus klar und eindeutig. Schreiben Sie den Namen Ihres Kindes in das Zeitfenster – mindestens einmal in jeder Woche.

Äußern Sie Ihre väterlichen Interessen auch im Betrieb. Sprechen Sie mit Ihren Kollegen – zum Beispiel in der Mittagspause – darüber, was Sie mit Ihren Kindern gern unternehmen, und dass Sie gern mehr Zeit mit ihnen verbringen würden. Sie werden schnell feststellen, dass Sie mehr Verbündete haben, als Sie geglaubt hätten. Das ist der erste Beitrag zu einer väterfreundlicheren Arbeitskultur.

»Sobald der Geist
auf ein Ziel ausgerichtet ist,
kommt ihm vieles entgegen.«

JOHANN WOLFGANG VON GOETHE | Deutscher Dichter (1749–1832)

DIE WOCHE ENTSCHLACKEN

Verabschieden Sie sich jetzt von ungeliebten Zeitfressern, die ohnehin nur Ballast für Sie waren. Es gibt keinen besseren Grund als diesen: »Ich möchte mehr Zeit für meine Familie, für mein Kind haben.« Wenn Sie noch die ehrenvolle Aufgabe des Kassierers im Fußballverein oder Männerchor innehaben: Erklären Sie jetzt feierlich Ihren Verzicht. Oder steht vielleicht in Ihrer Garage immer noch die schöne, aber reparaturbedürftige 1985er Moto Guzzi, die Sie seit Jahren versuchen flottzukriegen? Ziehen Sie ihr eine Plastikplane über – schon haben Sie eine Last weniger und mehr Zeit für Ihr neues »Hobby«. Vielleicht haben Sie und Ihr Kind in einigen Jahren Spaß dabei, Ihr Hobby gemeinsam wiederaufleben zu lassen.

EXKLUSIVE ZEIT SCHAFFEN – NUR FÜR PAPA UND KIND

Das geht besonders gut, wenn Sie mit Ihrem Kind regelmäßig zu einem festen Termin zu einer organisierten Veranstaltung gehen. Zum Beispiel samstagvormittags zu einem Vater-Kind-Treff oder zum Babyschwimmen. Exklusive Zeit für Sie allein mit Ihrem Kind stärkt Ihre Beziehung zueinander, und Sie entwickeln noch mehr Sicherheit im Umgang miteinander. Dabei geht es – wie auch bei der Geburt – oft ums »einfach da sein«. Es muss nicht immer »Action« sein.

VEREINBARUNGEN EINHALTEN, OHNE DOGMATISCH ZU WERDEN

Kinder brauchen Verlässlichkeit. Ihr Kind hat ein gutes Zeitgefühl, auch wenn es die Uhr noch nicht lesen kann. Zu der Zeit, in der Sie normalerweise von der Arbeit nach Hause kommen, erwartet es Sie sehnsüchtig. Wenn Sie also gerade gehen wollen und ein Kollege Sie schnell noch um einen kleinen Gefallen bittet – dann bitten Sie ihn um Verständnis: Sie sind mit Ihrem Kind verabredet! Sicher gilt es auch hier nach Wichtigkeit zu unterscheiden: Das Gespräch mit dem Chef über die anstehende Gehaltserhöhung kann durchaus ein Grund sein, kurz zu Hause anzurufen, um zu sagen, dass es etwas später wird.

AKTIVE VÄTER
BRAUCHEN ERHOLUNG

Viel Arbeit, möglichst viel Zeit für die Familie, viel Engagement im Haushalt: Väter (wie Mütter) schaffen all dies nur, indem sie auf Schlaf verzichten – und auf Freizeit. Sorgen Sie für Ausgleich!

- Wenn Sie Sport treiben, sollte ein- oder zweimal in der Woche Joggen oder Radfahren, Volleyball- oder Fußballtraining drin sein.
- Viel Action mit einem kleinen Kind kann den Rücken stark belasten. Regelmäßiges Training Ihrer Rücken- und Bauchmuskulatur beugt Schmerzen und Wirbelsäulenschäden vor.
- Zeiten für Sport und Hobbys sollten Sie mit Ihrer Partnerin »gerecht« vereinbaren. Räumen Sie ihr das Gleiche ein – wiederum eine Chance für Sie, allein mit Ihrem Kind etwas zu unternehmen oder abends ein paar Dinge im Haushalt zu erledigen.
- Schaffen Sie sich auch Möglichkeiten für Zeit zu zweit. Verabreden Sie mit einem zuverlässigen Babysitter, möglichst »auf Abruf« bereit zu sein, wenn Ihr Kind schläft. Endlich mal wieder ins Kino oder nett essen gehen, das tut Ihrer Partnerschaft enorm gut.
- Gestalten Sie Ihre gemeinsame Freizeit mit Kind so, dass sie auch Ihnen Spaß macht: Picknick mit anderen Eltern, Radfahren/Skaten mit Kind im Hänger, Kinder beim Basteln/Heimwerken, Kochen einbeziehen: mitmachen lassen, miteinander gestalten und erleben.
- Behalten Sie auch Ihr privates »Netzwerk« im Blick. Treffen Sie gelegentlich gute Freunde, die Ihnen wichtig sind. Wenn Ihre Freunde auch Väter sind, dann haben Sie für den Rest Ihres Lebens eine nie versiegende Quelle für gute Gespräche. Denn: Väter bleiben immer Väter, genauso wie Kinder immer Kinder bleiben …
- Zeit »nur für sich« ist natürlich auch wichtig. Und: Ein ausgeglichener Vater hat noch mehr Spaß am Leben mit seinem Kind.

BÜCHER UND ADRESSEN, DIE WEITERHELFEN

BÜCHER

Gesterkamp, T., *Die neuen Väter zwischen Kind und Karriere;* Budrich

Juul, J., *Mann und Vater sein;* Kreuz Verlag

Löffler, C. u. a., *Männer weinen nicht;* Goldmann

Süfke, B., *Männerseelen. Ein psychologischer Reiseführer;* Goldmann

Thomä, D., *Väter. Eine moderne Heldengeschichte;* dtv

Ich bin dabei. Vater werden (Broschüre der Bundeszentrale für gesundheitliche Aufklärung.; bestellbar unter www.bzga.de/botmed_13510000.html

Mann wird Vater – Informationen für werdende Väter zur Geburt. Broschüre, kostenlos bestellbar bei der BzgA: http://www.bzga.de/infomaterialien/familienplanung/schwangerschaft/mann-wird-vater/

Schwangerschaft und Geburt

Bloemeke, V. J., *Alles rund ums Wochenbett* und *»Es war eine schwere Geburt«;* Kösel

Stadelmann, I., *Die Hebammensprechstunde;* Stadelmann (als Buch und DVD)

(Alle weiteren Titel aus dem GRÄFE UND UNZER VERLAG)

Höfer, S.; Szász, N., *Hebammen-Gesundheitswissen für Schwangerschaft, Geburt und die Zeit danach*

Nitsch, C., *Vornamen – von beliebt bis ausgefallen*

Baby und Kleinkind

Largo, R. H., *Babyjahre. Die frühkindliche Entwicklung aus biologischer Sicht;* Piper

Süfke, B., *Die Ritter des Möhrenbreis: Geschichten von Vater und Sohn;* Walter

(Alle weiteren Titel aus dem GRÄFE UND UNZER VERLAG)

Gebauer-Sesterhenn, B.; Praun, Dr. med. M., *Das große GU Babybuch*

Glaser, U., *Die Elterntrickkiste*

Grone, Ch. von, *Das Großeltern-Handbuch*

Hüther, Prof. Dr. G./Nitsch, C., *Wie aus Kindern glückliche Erwachsene werden und gezielt fördern*

Juhl, J., *Vier Werte, die Kinder ein Leben lang tragen*

Kast-Zahn, A., *Jedes Kind kann Regeln lernen* und *Gelassen durch die Trotzphase*

Laimighofer, Dr. A., *Babyernährung*

Nitsch, C./Kasten, Prof. Dr. Dr. H., *Wie unsere Kinder die Welt sehen*

Pulkkinen, A., *PEKiP: Babys spielerisch fördern*

Rogge, J.-U./Bartmann, A., *Wie Sie reden, damit Ihr Kind zuhört und wie Sie zuhören, damit Ihr Kind redet*

Voormann, Ch.; Dandekar, Dr. med. G., *Babymassage*

Spiele und Lieder

Bliesener, K., *Meine ersten Kinderlieder;* Ravensburger

Partnerschaft

Clement, U.: *Guter Sex trotz Liebe;* Ullstein

Brost, M.; Wefing, H.: *Geht alles gar nicht: Warum wir Kinder, Liebe und Karriere nicht vereinbaren können.* Rowohlt

Gottman, J., *Die 7 Geheimnisse der glücklichen Ehe;* Ullstein

Vogler, J-R.; Prünte, Th., *Eier zeigen: Männliche Stärken in der Partnerschaft;* als e-Book unter Amazon.de

QUELLEN

Seite 9: Petzold, M.: *Vaterschaft heute,* www.familienhandbuch.de.

Seite 10: Fthenakis, W. E. (2006): *Facetten der Vaterschaft.*

Seite 12: www.fatherhood-institute.org; Fthenakis, W. E. (1999): *Engagierte Vaterschaft; Kucklick, Ch.: Was Vatersein so besonders macht.*

GEO 01/2001; Le Camus, J. (2005): *Väter.*

Seite 114: Hucklenbroich, Ch.: *Die schlaflosen Jahre.* FAZ, 23.11.2011

Seite 143: Fthenakis, W. E. u. a. (2002): *Paare werden Eltern.*

Seite 162: Fthenakis, W. E.; Minsel B. (2002): *Die Rolle des Vaters in der Familie.*

Seite 168: Prognos AG 2004: *Betriebswirtschaftliche Effekte familienfreundlicher Maßnahmen.*

ADRESSEN

Schwangerschaft, Geburt, Familie

www.hebammenverband.de *und* www.bfhd.de
Hebammensuche, Schwangerschaft, Eltern sein

www.geburtskanal.de
Familie, Familienplanung, Schwangerschaft, Geburt und Leben mit Kindern

www.gfg-bv.de
Infos zu Geburtsvorbereitungskursen und Eltern-Kind-Angeboten

www.profamilia.de
Beratungsadressen zu Schwangerschaft, Sexualität, Partnerschaft, Familienplanung, Elterngeld & Co

www.familienhandbuch.de
Hilfe in allen Familienfragen

www.hebammenverband.de/familie/geburtshaeuser/
Geburtshäuser in Deutschland

www.pekip.de
PEKiP (Prager Eltern-Kind-Programm), regionale Ansprechpartner und Gruppenangebote

www.kindergesundheit-info.de
Informationsseite der Bundeszentrale für gesundheitliche Aufklärung

www.schatten-und-licht.de
Infos zu Wochenbettdepressionen

Kind, Geld, Karriere

www.bmfsfj.de
Infos zum Bundeselterngeld- und Elternzeitgesetz

www.familien-wegweiser.de
Infoportal des Bundesfamilienministeriums

www.mittelstand-und-familie.de
Balance von Beruf und Privatleben in kleinen und mittleren Unternehmen

www.oekotest.de
Tests rund um familienrelevante Artikel

Männer, Väter, Kinder

www.familienplanung.de/wissenswertes-fuer-maenner
Elternportale der Bundeszentrale für gesundheitliche Aufklärung

www.vaeterzentrum-berlin.de

www.vaeterbildung.de
Informationen und Angebote für Väter, Familien, Arbeitgeber und Institutionen

www.vaeterblog.de
Aktuelles zu Väterthemen und -politik

www.maennerwege.de
Online-Portal zu Arbeit, Kultur, Politik für Männer

www.vaeterzeit.de
Tipps und Informationen rund ums Vaterwerden und Vatersein

www.vaeter.de
Infos und Tipps, Adressen von Beratungsstellen, Termine für Väter

www.familienplanung.de/wissenswertes-fuer-maenner/vater-werden
Infoseiten der Bundeszentrale für Gesundheitliche Aufklärung (BZgA)

Sorgerecht & Co.

www.bmj.de
Viele Infos unter dem Suchbegriff »Kindschaftsrecht«

Partnerschaft

www.profamilia.de
Beratungsadressen zu Sexualität, Partnerschaft, Familienplanung

www.bewusster-leben-und-lieben.de
Seminare zu Liebe, Partnerschaft, Sexualität

www.sexualaufklaerung.de
Portal Sexualaufklärung, Verhütung und Familienplanung der BZgA

Österreich

www.bmask.gv.at/site/Soziales/Maenner
Infos und Links zu männerspezifischen Anliegen; Broschürenservice

www.maenner.at
Männerberatung Wien, auch Väterberatung

www.junge-vaeter.at
Digitaler Leitfaden und iPad-App für werdende Väter

www.hebammen.at
Hebammenhilfe; Elternwerden und -sein

Schweiz

www.hebammen.ch
Schwangerschaft, Geburt u. Hebammenleistungen

www.avanti-papi.ch
Innovative Väterangebote

www.und-online.ch
Hilfen zur Vereinbarkeit von Beruf und Familie

www.vaetertag.ch
Infoseite zum Vätertag in der Schweiz

www.fritz-und-fraenzi.ch
Elternzeitschrift mit partnerschaftlichem Ansatz

www.maenner.ch
Dachverband der Schweizer Männer- und Väterorganisationen

www.vaeternetz.ch
Fachleute in der Väterarbeit

REGISTER

IMPRESSUM

© 2013 GRÄFE UND UNZER VERLAG GmbH, München
Aktualisierte Neuausgabe von *Das Papa-Handbuch*, GRÄFE UND UNZER VERLAG 2005, ISBN 978-3-7742-6975-0

Projektleitung: Reinhard Brendli
Lektorat: Barbara Kohl
Bildredaktion: Julia Fell

Umschlaggestaltung und Layout: independent Medien-Design, Horst Moser, München
Herstellung: Susanne Mühldorfer
Satz: Uhl + Massopust, Aalen
Lithos: Longo AG, Bozen
Druck & Bindung: Drukarnia Dimograf, Polen

ISBN 978-3-8338-3129-4

4. Auflage 2015

Bildnachweis
Fotos: Getty Images: S. 4, 140; Corbis: S. 14, 54, 160; Getty Images: S. 140; Mauritius: S. 84; Picture Press: S. 122; Plainpicture: Cover, S. 6; Privat: Außenklappe hinten; Shutterstock: Innenklappen vorn und hinten
Illustrationen: Stefan Bachmann (außer hintere Umschlagseite: Shutterstock)

Syndication:
www.jalag-syndication.de

Wichtiger Hinweis
Alle Ratschläge, Anwendungen und Übungen in diesem Buch wurden von den Autoren sorgfältig recherchiert und in der Praxis erprobt. Dennoch können nur Sie selbst entscheiden, ob und inwieweit Sie diese umsetzen können und möchten. Lassen Sie sich in allen Zweifelsfällen zuvor durch einen Arzt oder Therapeuten beraten.
Weder Autoren noch Verlag können für eventuelle Nachteile oder Schäden, die aus den im Buch gegebenen praktischen Hinweisen resultieren, eine Haftung übernehmen.

Umwelthinweis
Dieses Buch ist auf PEFC-zertifiziertem Papier aus nachhaltiger Waldwirtschaft gedruckt.